KB050510

엄마 수업

초판 1쇄 발행   2019년 1월 1일

지은이   이아롱

펴낸이   김종욱

디자인   최미정

표지일러스트 윤유경

마케팅   이경숙, 송이솔

영업   박준현, 김진태, 이예지

주소   경기도 파주시 회동길 325-22 세화빌딩

신고번호   제 382-2010-000016호

대표전화   032-326-5036

내용문의   010-8637-4341 (전자우편 ahlong88@naver.com)

구입문의   032-326-5036/010-6471-2550/070-8749-3550

팩스번호   031-360-6376

전자우편   mimunsa@naver.com

ISBN   979-11-87812-09-8

ⓒ 이아롱 2019

이 책은 저작권법에 의해 보호되는 저작물이므로
무단 전재, 복제는 법으로 금지되어 있습니다.

이 시대 부모와 자녀를 이해하기 위한 엄마학 교과서

엄마 수업

미문사

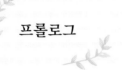

프롤로그

육아, 잘하고 싶다면 어떻게 해야 할까?
결론부터 말하자면 '온전한 나'를 만나야 한다.

"엄마 좋아!"

오늘 아침, 뜬금없이 우리 아이가 말하며 나에게 안겼다. "엄마도 지후가 너무 좋아! 사랑해!"라고 말하며 꼭 안아 주었다. 세상에서 가장 행복한 순간이었다. 들으면 들을수록 자꾸만 듣고 싶은 말이다. 어린이집에 보내기 위해 씻기고, 옷을 입히며 시작된 육아에 한숨이 나올 것 같았지만 다시 힘이 솟았다. 사랑스러운 내 아이를 위해 별도 달도 다 따줄 수 있을 것만 같은 기분이 든다. 나는 이렇게 매일 행복한 순간을 맞이하며 육아를 한다.

내 목숨까지도 내어 줄 수 있는 소중한 내 아이를 키우는 일은 처음부터 행복하기만 했던 것은 아니다. 육아를 하는 매일이 힘든 시간들이었다. 아이는 산후조리원에서부터 남달랐다. 신생아임에도 울음소리가 신생아 같지 않았다. 목소리는 우렁찼고 한번 울기 시작하면 두 시간씩은 울어야 할 정도로 쉽게 달래지지 않았다. 새벽에 한 시간마다

깨는 일은 비일비재했다. 우연히 엘리베이터에서 만난 아주머니가 내 아이를 보고 "네가 매일 새벽에 그렇게 우는 아기구나!"라고 말할 정도였으니 말이다.

아무리 달래도 달래지지 않는 아이를 안고 같이 우는 날이 많았다. 무엇이 불편한 것인지, 원하는 것이 무엇인지 알 수 없어 답답했다. 아이의 마음을 알아 주지 못하는 엄마라는 사실에 속상해하며 자책했다. 나는 점점 예민해지고 힘들어졌다. 갑상선 호르몬 항진증이라는 질병까지 겹쳐 내 몸을 움직이기조차 힘들었다. 몸도 마음도 지쳐 갔다. 육아가 힘들다고 생각하는 나의 모습에 실망을 했다.

아이를 안고 있으면서 나는 육아가 아닌 다른 것이 하고 싶었다. 대화할 사람도 없이 매일 반복되는 일상 속에서 점점 외로워졌다. 내가 사라지는 것 같다는 사실에 우울했다. 나의 작은 욕구를 충족시킬 수 없는 현실에 힘들어했다. '아이가 세 살까지는 내가 직접 키워야지'라는 다짐은 단 3개월 만에 바뀌었다. 이 모든 것이 내가 생각한 엄마의 모습과 내 모습에 상당한 차이가 있었다. 빨리 잠들지 않고 보채는 우리 아이에게 짜증을 내는 나 자신의 모습을 보며 '아차!' 싶었다. '좋은 엄마'가 되겠다는 강박 관념과 감정 조절에 어려움을 겪었다. 내 삶에서 중심을 잡지 못하고 있었다.

그때서야 비로소 육아와 내 삶의 균형을 찾기로 결심했다. 먼저 나만의 시간을 갖는 것에서부터 시작했다. 하루에 10분이라도 '나만의 시간'을 꼭 가졌다. 하루를 돌아보고 나를 돌아보며 셀프 칭찬을 했다. 공감할 줄 알고 친구 같은 엄마가 되고 싶다면 내 마음부터 공감할 줄 알아야 한다는 사실을 깨달았다. 자아를 만나 돌봐 줘야 한다는 사실을 알게 된 것이다. '엄마가 행복해야 아이도 행복하다.'라는 말을 제대로 이해하게 되었다.

나만의 시간을 확보하고 취미 생활을 하면서 나의 마음가짐이 달라졌다. 하나씩 무언가를 했을 때 느껴지는 성취감은 활력소가 되었다. 모든 일에 감사하기 시작하며 일기를 쓰게 되었다. 꿈과 목표를 갖게 되어 미래를 계획할 수 있게 되었다. 주로 아이가 잠든 밤, 새벽 시간을 활용했다. 점점 더 시간을 쪼개어 금같이 사용했다. 내 아이의 자라는 모습을 보는 엄마의 시간, '나' 라는 사람이 성장하는 시간은 다시는 돌아오지 않는 시간이다. 금보다 귀한 시간을 불평하며, 우울해하기엔 너무 아까운 시간이다. 잠깐이라도 허투루 보내지 않기 위해 노력했다.

그러자 나는 모든 행동, 일들에 의욕이 생겼다. 표정이 밝아졌고 여유가 생겼다. 아이 역시 많은 변화가 일어났다. 내가 행복해지니 아이도 행복해 한다. 힘들기만 했던 육아는 이제 힘들지 않고 행복하다. 과거와는 확연히 다른 삶이다. 더 이상 '전투 육아'라는 말을 사용하지 않게 되었다.

　이 책에는 나의 임신 시절부터 출산 후 지금까지의 모든 스토리를 솔직하게 풀어놓았다. 내 스토리가 초보 엄마들에게 많은 도움이 되기를 바란다. 누구나 육아를 잘하고 싶어 한다. 누구나 내 아이에게 '좋은 엄마'이고 싶어 한다. 그렇다면 나 자신이 완벽할 수 없다는 사실을 받아들여야 한다. 육아에 대한 부담을 내려놓고 자신을 돌아보기를 바란다. '온전한 나'를 만나는 일이 먼저이다. 나만의 시간을 갖고 미래 일기를 쓰고 자기 계발이 가능한 취미를 갖도록 하는 등 엄마, 아내로 머무르지 말고 나답게 살아야 한다. 그렇게 함으로써 '나'와 '엄마' 인생의 균형을 이루기를 바란다. 균형을 이루어 행복한 엄마가 되었을 때, 행복한 육아를 할 수 있다는 사실을 꼭 기억해야 한다.

차례

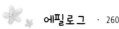

+++++++++++++++

PART 1

'아이'가 아닌 '육아'에 매달리는 엄마들

매일 한계에 도달하면서 엄마는 강해진다. 엄마라는 직업은 세상에 서 가장 위대한 직업이라는 것을 알게 되었다. 나도 엄마이기 이전에 딸이었다. 우리 엄마에게 원하는 것을 해달라고 조르고 투정을 부렸었 다. 엄마도 분명 할 수 없는 것이 있었을 텐데 다 해주셨다. 내가 원하 는 것은 모두 해준 우리 엄마가 나에게는 신이었다. 기도해도 쉽게 들 어주지 않는 하나님보다 우리 엄마가 하나님이었다. 이제는 내가 내 아이에게 그런 존재가 되었다. 그래도 육아는 어렵다.

어서 와, 전투 육아는 처음이지?

꽃 같은 나이 20대에는 사랑하는 남자와 결혼해서 토끼 같은 아이를 키우는 행복한 가정을 꿈꿨다. 이것은 여자건 남자건 누구나 꿈꾸는 모습일 것이다. 나는 행복한 가정을 꿈꾸며 결혼을 했다. 알콩달콩 사랑을 나눠 '아기'라는 세상에서 가장 소중한 선물을 받았다. 드디어 꿈꾸던 행복한 가정이 이루어지는 순간이었다. 이렇게 찬란한 시간에 '전투육아'라는 말을 어찌 이해할 수 있을까. 기쁘기만 했다. '이렇게 소중하고 예쁜 아기를 키우는데 어떻게 전투 육아라고 할 수 있지?'라고 생각했다.

나는 아가씨 시절부터 아기를 좋아했다. 길을 가다가도 아기들을 보면 너무나 예뻐 눈을 뗄 수가 없었다. 2014년 내가 27살일 때부터 방송

된 TV 프로그램 〈슈퍼맨이 돌아왔다〉를 꼬박꼬박 챙겨 봤다. VOD 다시보기 유료 서비스로 수십 번을 시청하기도 했다. 연예인 송일국 씨의 아이들 삼둥이들이 너무 귀여웠기 때문이다. 나뿐만 아니라 대한민국은 귀여운 삼둥이를 보며 엄마 미소, 아빠 미소를 짓고 있었다. 그렇게 귀여운 아이들을 보면서 빨리 결혼을 하고 싶었다. 아이를 낳아 기르고 싶었다. 너무나 행복한 가정의 모습이었다.

임신을 한 순간부터 나는 예쁜 것만 보았다. 예쁜 음식만 골라서 먹었다. 연예인 송일국 씨의 아이들 중 '만세'를 보며 태교를 했다. 내 아이도 만세처럼 입술이 도톰하고 장난기 많은 귀여운 아이이길 바랐다. 특히 어린아이들이 만두를 먹던 그 모습을 잊을 수가 없다. 나는 평소 만두를 좋아하지 않았지만 만세가 먹는 모습을 보고 만두를 엄청나게 먹었다. 지금까지도 만두는 내가 가장 좋아하는 음식이 되었다.

내 배 속에 있는 귀여운 우리 아이가 태동을 하면 그렇게 사랑스러울 수 없었다. 발로 뻥뻥 차서 갈비뼈가 아파도 좋았다. 새벽에도 그렇게 발로 차서 잠을 잘 수가 없어도 사랑스러웠다. 여자들이 생각하는 행복하고 아름다운 임신 생활이었다.

하지만 그렇게 행복한 순간만 있는 것은 아니었다. 나는 중소기업 단체 급식 회사의 영양사로 임신 9개월이 될 때까지 일했다. 롯데백화점 직원 식당을 총괄 운영하는 매니저였다. 중식, 석식으로 하루 600식 정도 되는 업장을 관리했다. 영양사라는 일을 단순히 책상 앞에 앉아 식단만 짜는 편한 일로 보면 큰 오산이다. 출근을 하자마자 그날의 식재료를 검수했다. 예를 들면 양배추 60kg, 양파 30kg, 돼지고기 60kg 등 산더미처럼 쌓인 식재료를 일일이 검수해야 했다. 박스를 뜯고 식재료 하나하나 신선한 식품인지 확인했다. 출근하자마자 엄청난 에너지를 쏟아냈다.

600식을 준비하는 주방은 조리 실장, 조리사, 여사님들, 후임 영양사까지 14명이 북적였다. 워낙에 대량의 음식을 조리하다 보니 주방 온도는 섭씨 40도를 넘어갔다. 땀으로 목욕한다는 표현이 딱 맞았다. 한여름에 에어컨을 최하 섭씨 18도로 작동시켜도 말이다. 게다가 소음은 얼마나 큰지 바로 옆에 가서 귀에 대고 얘기해야 했다. 그렇지 않으면 소리를 지르는 정도로 크게 얘기해야 서로 의사소통이 되었다.

오후 12시, 점심시간이 되었다. 600여 명의 백화점 직원들이 점심 식사를 하기 위해 우르르 내려와 줄을 섰다. 나는 앞에 나와서 한 분 한 분께 "맛있게 드세요~"라고 인사를 했다. 인사를 하는데 앉아서 할 수 있을까? 임신한 몸으로도 나는 서 있었다. 그 순간에 보이는 직원 식당은 전쟁터와 똑같았다. 식당은 식사를 하는 고객들, 배식을 하는 배식원들이 있었다. 뒤편에 가려진 주방에서는 다음 날 제공될 메뉴의 식재료를 전처리 작업(야채 세척·소독, 칼질 등)을 했다. 도마에 쳐지는 칼 소리가 들렸다. 작동 소리가 엄청나게 큰 대형 솥에서 음식을 추가 조리했다. 세척실에서 끊임없이 나오는 식기, 식판을 세척하여 다시 세팅했다.

오후 2시 30분, 점심시간이 끝나면 바로 정산을 했다. 그리고 오후 3시쯤 점심을 먹었다. 30분에서 40분쯤 쉬었을까, 워크인 냉장고에 들어가 재고 조사를 했다. 드디어 사무실 책상에 앉아 식재료 발주를 했다. 식단 작성까지 했다. 주방은 석식 준비로 다시 분주해졌다. 현장은 항상 예상치 못한 일이 생기기 때문에 주방에서는 "매니저님~!!" 하고 쉴 새 없이 나를 불렀다. 석식엔 점심시간처럼 고객이 많지는 않았다. 하지만 긴장을 해야 했고 수시로 주방에 나와 배식 상황을 지켜봐야 했다.

약 10시간을 근무했던 영양사 생활에서 앉아서 일했던 시간은 겨우 2시간에서 3시간 정도였다. 퇴근하고 집으로 돌아오는 길에는 지옥철을 탔다. 퇴근 시간의 지하철은 사람이 너무 많아 지옥철이라고도 한다. 나는 입덧이 심한 편은 아니었다. 하지만 답답하거나 꽉 막힌 밀폐된 곳에 들어가면 입덧을 했다. 지하철은 사람까지 많아서 정말이지 이상한 냄새가 났다. 자주 남편이 데리러 와서 차로 퇴근을 했다. 그러지 못한 날은 힘들게 퇴근을 했다. 집에 돌아오면 다리는 코끼리 다리처럼 퉁퉁 부어 있었다. 아직 출산을 하지는 않았지만 이미 전쟁 같은 일상이었다.

이러한 나의 직장 생활은 대부분 여자들의 일상이다. 일하는 강도와 종류가 다르긴 해도 요즘 여자들은 대부분 직장을 다닌다. 임신을 했다고 해서 하던 일을 덜 할 수는 없다. 똑같이 대중교통을 이용하여 출퇴근을 해야 한다. 홑몸으로 일하는 것만으로도 진이 빠지는 일을 몸을 사려야 하는 임산부가 되어도 똑같이 해야 한다. 여자에 대한 복지가 좋은 회사는 근무 시간을 줄여 주는 등 혜택이 있다. 하지만 대부분 그렇지 않다. 오히려 임신을 했다는 사실만으로 눈치를 봐야 하는 경우가 비일비재하다. 누구보다 몸과 마음이 편해야 하는 임산부는 회사 생활을 하며 스트레스를 받는다.

게다가 입덧까지 한다. 입덧이 심한 경우에는 양질의 음식을 먹어야 하는데 오히려 먹지 못해서 살이 쭉쭉 빠진다. 반면, 음식을 먹어야 속이 편안한 먹덧 임산부도 존재한다. 이 경우에는 토덧의 고충은 모르지만 너무 많이 살이 찐다는 사실에 두려움이 생긴다. 쏟아지는 잠과 피곤에 쉬고 싶지만 마음대로 쉴 수도 없다. 평소 아무렇지도 않던 냄새에 민감해진다.

어제 봤던 TV 프로가 재미있었는데 다시 보니 재미가 없다. 남편이 너무 좋았다가 갑자기 얄밉기도 하다. 방금 딸기가 먹고 싶었다가도 사 오면 안 먹고 싶다. 임신 초기에는 피부가 뒤집어지는 경우도 많다. 배가 점점 나오는 몸의 변화에 적응이 되지 않는다. 평소 좋아하던 예쁜 옷을 입을 수 없고 펑퍼짐한 원피스를 입는다. 어떤 임산부들은 배만 볼록 예쁘게 나오고 날씬하다. 나는 뒤룩뒤룩 살이 쪘다며 비교를 한다. 출산하면 찐 살은 다 빠진다는데 믿어지지 않고 우울하다. 엄마의 감정은 오락가락 수시로 변한다. 임신 우울증이 오기도 한다.

이 와중에도 엄마는 자신보다 아기에게 모든 포커스를 맞춘다. 임신 사실을 알자마자 태교를 어떻게 해야 하는지, 어떤 음식을 먹어야 좋을지 검색한다. 좋아하던 음식도 아이에게 좋지 않으면 먹지 않는다. 조금이라도 더 똑똑한 아이, 건강한 아이로 키우기 위한 태교를 한다. 엄마는 힘들지만 아이를 위한 것이라면 무조건 한다. 남들 다하는 태교를 하지 않으면 나쁜 엄마가 될 것 같은 죄책감까지 든다. 태교는 '엄마가 행복해야 한다'는 기본을 잊은 채 태교를 한다.

출산일이 다가올수록 엄마는 두려워진다. 진통이 올 때 얼마나 아플지, 자연 분만을 할지, 제왕 절개를 할지, 빨리 낳았으면 좋겠다가도 잘 키울 수 있을까 걱정을 한다. 출산 준비는 제대로 한 건지 수십 번을 돌아본다. 인터넷 맘카페를 드나들며 무수히 많은 출산 후기를 검색한다. 선배 육아맘들의 육아 일상까지 검색하며 간접 경험을 한다.

그러다 보면 자연스럽게 '전투 육아'라는 단어를 접하게 된다. 네이버 검색창에 '전투 육아'를 검색해 보면 '육아가 어려워서 이를 전투와 같다고 표현한 신조어'라고 나온다. 그 외에도 '헬 육아', '독박 육아' 등 신조어를 알게 된다. 모두 육아가 힘들고 어렵다는 뜻으로 통일된다.

'전투 육아'를 하려고 사랑하는 사람과 결혼해서 임신을 한 것이 아니다. 행복한 가정, 행복한 삶을 살기 위해 결혼을 했다. 그런데 육아가 '전투'라니? 정말 아이러니하다. 임신을 한 순간부터 출산까지 아직 본격적인 육아를 시작하지도 않았다. 육아에 대한 설렘과 나름대로 각오를 했다. 힘들게 출산을 하여 세상에서 가장 감동적인 선물을 내 품에 안았다. 축하한다는 말과 함께 "어서 와, 전투 육아는 처음이지?"라는 말을 들으며 엄마가 되었다.

하나님도 육아는 어렵다

출산과 동시에 '전투 육아'라는 단어가 확실하게 이해되었다. 아직 산부인과에서 퇴원도 하지 않은 산모인 데도 말이다. 관장, 제모, 내진이라는 3대 굴욕을 겪고 출산을 했다. 회복실로 와서는 소변 줄을 끼웠다. 남편이 소변 통을 치워 줬다. 내 자궁에서는 피가 흘러나왔다. 아직 움직이지 못하니 간호사나 남편이 수시로 패드를 갈아 줬다. 나는 아기가 아닌데 아기가 된 것 같았다. 이런 모습까지 보여 줘야 한다니 민망하고 창피했다. 출산을 축하한다고 손님들이 오면 씻지도 못하고 퉁퉁 부은 몸으로 맞이했다.

보통 출산 1일 후부터는 아기에게 초유를 먹이기 위해 수유를 시도한다. 젖몸살이 없는 산모라면 조금 덜 고생한다. 초유의 양도 많으면 더 좋다. 하지만 나는 아무리 유축을 해도 초유가 나오지 않았다. 10㎖ 정도나 나왔을까? 유축을 하면 양이 늘고 유선이 뚫린다는 말에 계속해서 유축을 했다. 유두 균열이 왔다. 유두의 껍질이 벗겨지고 다 헐어버렸다.

게다가 젖몸살까지 왔다. 가슴에 손도 댈 수 없을 만큼 너무 아팠다. 돌덩이가 들어 있는 것처럼 빵빵하고 아팠다. 간호사는 가슴 마사지를 해서 유선을 뚫어야 한다며 수시로 와서 내 가슴에 손을 댔다. 내 가슴은 내 것이 아니었다. 마사지를 해준다고 손만 살짝 댔을 뿐인데 나는 "아아아악!!" 하고 소리를 질렀다. 차가운 양배추로 가슴 찜질을 해주면 낫다고 했다. 효과가 없었다. 어떻게든 풀어 보려고 고통을 꾹 참고 혼자서 마사지를 했다. 눈물이 났다. 젖몸살은 제2의 출산의 고통이라고 한다. 정확한 표현이었다.

출산을 한 산모는 몸조리가 최우선이 되어야 한다. 푹 쉬고 몸 회복을 하기 위해 산후조리원에 간다. 나 역시 마찬가지였다. 하지만 조리원 생활은 생각보다 너무나 바빴다. 오전 7시에 아침 식사를 했다. 밥 먹기가 무섭게 수유콜(모유 수유하러 오라는 전화)을 받는다. 귀여운 우리 아기를 품에 안고 모유 수유를 했다.

나는 모유의 양이 너무나 적었다. 우리 아이는 잘 빨아 먹지도 못했다. 약 20~30분 정도 시도하다가 분유로 보충을 했다. 다 먹고 나면 트림을 시켰다. 아이가 갑자기 울었다. 쉬를 했거나 응가를 했다. 초보 엄마인 나는 어찌 할 바를 몰라 "선생님~선생님~우리 아기 똥 쌌어요~!"라고 도움을 청했다. 다음으로는 유축기로 20~30분 동안 유축을 했다. 내 가슴 속에 남은 모유는 완전히 다 비워야 하기 때문이다.

이제 조금 쉬어 볼까 하고 방으로 돌아오면 약 30분쯤 뒤 다시 수유 콜이 왔다. 신생아는 약 2~3시간마다 수유를 해야 한다. 수유실로 향했다. 아까 했던 수유 패턴을 똑같이 반복했다. 점심시간이 되었다. 아침과 같은 패턴의 생활을 반복했다. 중간에 산후 마사지, 조리원 자체 프로그램이 몇 개 있다. 그럴 때에는 유축해 놓은 모유를 주거나 분유 수유를 부탁했다. 이 또한 원하지 않는 엄마들은 프로그램을 포기하고 직접 수유를 했다. 대략 밤 11시 정도까지 이 생활이 반복되었다.

나는 새벽 수유는 과감하게 포기했다. 어차피 모유의 양이 많지 않아 분유를 먹여야 했기 때문이다. 하지만 잠을 자지 않고 새벽에도 수유를 하는 엄마들도 많았다. 몸조리를 하러 온 산후조리원 생활에 정작 쉬는 시간은 몇 시간 되지 않았다. 모유 수유가 쉽지 않았던 나는 수유를 한다는 기쁨보다는 젖소가 된 것 같은 느낌이 들었다. 임신 우울증에서 산후 우울증으로 진화하고 있었다.

조리원 생활 14일 중 약 10일은 아침에 간호사 선생님을 만나면 듣는 말이 있었다.

"아롱 씨~ 바다(태명) 오늘도 안 잤어."
"아롱 씨~ 아롱 씨는 퇴원하고 집에 가면 고생 좀 할 거야."
"바다 엄마~ 빨리 와~! 바다 숨넘어가~!"
매일 이런 말을 듣다 보니 어느 정도는 각오를 했다. 산후조리원 퇴원 후 친정집으로 향했다. 약 1달 정도 친정엄마가 몸조리를 해주셨다. 육아도 해주셨다. 친정엄마도 두 손, 두 발 다 들었다. 우리 아이는 잠을 잔다고 침대에 내려놓을 수 없었다. 눈을 뜨고 놀아도 침대에 내려놓을 수 없었다. 등 센서(자신의 등이 바닥에 닿으면 우는 현상)가 심한 우리 아이는 하루 종일 안고 있어야 했다. 내려놓으면 얼굴이 터질 것처럼 울었다. 많은 엄마들이 이 등 센서 때문에 힘들어한다.

태어난 지 한 달도 안 된 아기가 목소리도 엄청 컸다. 기본 2~3시간씩 울다 지쳐 잠이 들었다. 아직 손짓조차 제대로 하지 못하는 조그마한 아기 때문에 나, 남편, 부모님, 내 동생까지 어른 5명이 쩔쩔 맸다. 배가 고파서 울기 시작하면 분유를 타러 뛰어다녔다. 분유를 타는 물 온도는 적절한지 나, 친정엄마, 남편까지 세 명이 점검했다. 목욕을 시킬 때 목욕물 온도로도 의견이 분분했다. 목욕물 온도는 섭씨 38도 ~40도가 적당하다고 배웠다. 온도계로 측정을 했는데 38도다. 물을 받은 아기 욕조를 남편이 방으로 들고 왔다.

목욕을 시작하는데 아기가 울었다. 이번엔 친정아빠까지 나와서 "이 물은 뜨거워~ 찬 물 섞어!"라고 하셨다. 친정엄마는 "아니야~ 이 정도는 되어야지! 지후가 물을 안 좋아하나 보다"라고 하셨다. 나는 책과 조리원, 실전 육아를 하신 친정엄마 사이에서 혼란스러웠다. 내 팔뚝 한 뼘 정도밖에 안 되는 이 작은 아기를 씻기기 위해 어른 4명이 달라붙었다. 실전 육아는 분유, 물, 목욕물 온도를 맞추는 것까지 쉽지 않았다.

친정엄마가 계셨으니 그나마 밥도 먹고 2시간이라도 낮잠을 잤다.

약 한 달의 추가 몸조리 기간을 마치고 집으로 돌아왔다. 이제부터는 진짜 전투 육아가 시작되었다. 잠을 자던 환경이 바뀌니 아기는 더 울기 시작했다. 여전히 하루 종일 내 품에 안겨 있었다. 젖병을 씻어야 하는데 설거지를 할 수가 없었다. 밥은 먹는 건지, 샤워는 하는 건지도 몰랐다. 청소? 꿈도 못 꿨다. 똥 기저귀는 널브러져 있었다. 퇴근하고 온 남편은 신발을 벗자마자 주방으로 가서 설거지를 했다. 난장판인 집을 청소했다. 여전히 아기는 내 품에서 울고 있었다.

청소를 마친 남편은 아기를 받고 재우기 시작했다. 남편이라고 쉬울까? 엄마보다 더 어렵다. 안는 자세조차 엉거주춤했다. 그 자세가 불안해 보이는 나는 조금 쉬겠다고 해놓고도 이래저래 잔소리를 했다. 몇 시간의 사투 끝에 밤 11시에 아기가 잠들었다. 그때서야 나는 첫 끼니를 해결했다. 이제 좀 쉬어 볼까 하면 어김없이 아기가 일어났다. 분유를 타러 뛰어다녔다. 매일 24시간 이 생활이 반복되었다.

새벽, 남편도 잠을 잘 수 없었다. 다음 날 아침 일찍 출근을 해야 하지만 새벽 수유는 함께 했다. 이마저도 나는 분유 수유였기 때문에 가능했다. 완모(100% 모유 수유) 엄마들은 오로지 혼자 감내해야 하는 시간이다. 아기를 너무 안고 있어서 손목 보호대를 했다. 허리에는 복대를 찼다. 어깨까지 아팠다. 몸조리를 해야 하는 나는 회복은커녕 온몸이 만신창이가 되어 갔다. 생각보다 더 어려운 육아에 마음까지 만신창이가 되어 갔다.

엄마가 되면 집에 있지만 하루 종일 쉴 틈 없이 바쁘다. 많은 엄마들이 '왜 이런 경험, 고통, 감정을 여자만 느껴야 하는가?'라는 생각도 한다. 육아란 행복한 결혼 생활을 꿈꾸는 여자라면 누구나 겪는 일이다. 누구나 겪지만 누구나 잘 해낼 수는 없다. 엄마라는 직업을 갖게 되고 나니 해낼 수 있는 것이다. 엄마이기에 가능하다. 육아를 시작하면 몸과 마음이 매일 한계에 도달한다.

매일 한계에 도달하면서 엄마는 강해진다. 엄마라는 직업은 세상에서 가장 위대한 직업이라는 것을 알게 되었다. 나도 엄마이기 이전에 딸이었다. 우리 엄마에게 원하는 것을 해달라고 조르고 투정을 부렸었다. 엄마도 분명 할 수 없는 것이 있었을 텐데 다 해주셨다. 내가 원하는 것은 모두 해준 우리 엄마가 나에게는 신이었다. 기도해도 쉽게 들어주지 않는 하나님보다 우리 엄마가 하나님이었다. 이제는 내가 내아이에게 그런 존재가 되었다. 그래도 육아는 어렵다.

03

'좋은 엄마 콤플렉스'에 빠진 엄마들

"엄마는 괜찮아, 너만 행복하다면"

엄마들 사이에서 너무나 쉽게 나오는 말이다. 나도 말했었다. 하지만 괜찮지 않았다. 힘들지만 괜찮은 척한 것이다. 임신을 한 순간부터 소화가 안 되어 배가 아파도 참았다. 위염, 식도염을 달고 살았다. 손목, 허리, 어깨 등 온몸이 아파서 물리치료를 받으러 병원에 다니면서도 괜찮다고 말했다. 하루 종일 육아에 시달려 밥 한 끼 제대로 먹을 시간조차 없으면서도 괜찮다고 말했다. 당장 내가 입을 옷이 없어도 아이의 옷을 먼저 샀다. 나는 힘들어도 아이가 웃어 주면 힘이 났다.

임신 사실을 안 순간부터 나는 아기용품을 검색했다. 어떤 태교를 하면 좋을지 검색했다. 태담 태교, 바느질 태교, 음악 태교, 미술 태교 등 태교의 종류도 엄청나게 많았다. 전에는 가 보지도 않던 백화점 유·아동 의류 코너를 둘러보았다. 인터넷 쇼핑으로도 구매했다. 성별도 모르고 태어나지도 않았는데 말이다. 사이즈도 모르고 구매해서 한 번도 못 입어 본 옷들도 있다. 옷뿐만이 아니다. 코엑스, 킨텍스 등 베이비 페어는 다 다녔다. 유모차, 침대, 아기띠 등 없는 게 없었다. 아니 사야 할 게 너무나 많았다. 무수히 많은 아기용품을 준비했다. 그럼에도 필요한 아기용품들은 계속 발견되어 구매했다.

출산 후 산후조리원에 있을 때의 일이다. 유아용 전집을 판매하는 업체에서 영업을 나왔다. 평소 책읽기를 싫어했었다. 하지만 내 아이에게는 책을 놀이처럼 읽게 하고 싶었다. 사실 출산 전부터 유아용 전집을 준비하려고 했었다. 하지만 아직 책을 읽기까지는 몇 년이 남았다고 생각해서 초점책 정도만 준비했었다. 이러한 생각을 항상 가지고 있던 내게 영업이 들어온 것이다. 나는 아직 살 생각이 없었기에 설명만 들으려 했다.

"아기 조금만 더 크면 살게요. 아직은 너무 어리고 제대로 보지도 못하니까요"

"아기 개월 수에 맞게 책이 나와 있어요. 지금 지후는 1~6개월까지의 책을 보면 돼요. 엄마가 하기 힘들면 교육해 주시는 선생님도 계시니 더 효율적이에요."

홍보 직원은 신생아부터 아기에게 책을 읽는 환경을 만들어 줘야 한다고 했다. 글자를 읽지는 못하지만 그림과 색을 본다고 했다. 점차 성장하면서 그림을 구별한다고 했다. 움직이지 못하고 표현하지 못하는 갓난아기일지라도 주변에 자극을 주는 그림을 보여 줘야 한다는 것이다. 끊임없는 소리와 시각을 자극해서 심심하지 않도록 해야 한다는 것이었다. 귀여운 그림이 나오는 책과 생생한 동물 사진이 가득 있는 유아 전집 두 세트를 결제했다. 140만 원이 넘었다.

그때 나는 육아 휴직에 들어간 상태라 수입이 없었다. 육아 휴직 급여를 받기는 했지만 원래 받던 월급의 3분의 1도 안 되어 여유가 없었다. 그렇다고 남편의 월급이 많은 것도 아니었다. 대한민국 30대 남자 평균 월급 정도였다. 식구는 늘어났고 수입은 반으로 줄어 있는 상태였다. 그런 상황에서 140만 원이 넘는 돈은 작은 액수가 아니었다. 그럼에도 불구하고 '내가 조금 아끼지 뭐.'라는 생각으로 그 자리에서 결제했다.

그날 저녁, 나는 남편에게 유아 전집을 구매했다는 얘기를 선뜻 꺼내지 못했다. 구매해 놓고 나 스스로도 '잘 산 건가' 라는 생각이 머릿속에 떠나질 않았다. 아이는 세상에 있는 모든 것이 신기하고 볼 것투성이다. 그런 소중한 경험을 벌써부터 책으로 막아 놓는 것은 아닌가라는 생각이 들었다. 3일 동안 고민을 한 뒤 나는 결국 환불 신청을 했다. 미리 준비해 놓은 초점책을 많이 활용하기로 했다. 그림, 동물 사진 대신 나, 엄마의 얼굴을 더 많이 보여 주기로 결정했다. 책에 나오는 몇 줄의 이야기 대신 엄마의 이야기를 더 많이 해주는 것이 가치 있겠다고 생각했다. 그것이 더 좋은 엄마가 되는 방법이라고 생각했다.

아이가 스스로 책을 읽을 수 있는 환경을 만들어 주는 것은 좋은 방법이다. 하지만 그것도 다 적당한 시기가 있는 법이다. 엄마가 희생을 해서 아이에게 투자를 하더라도 효과가 있어야 보람도 있는 법이다. 아이가 엄마에게 바라는 것은 엄마의 사랑, 그 하나가 전부이다. 특히 아이가 어릴수록 더 그렇다. 엄마가 자신에게 무엇을 사 주었는지, 어떤 희생을 했는지 아직은 알지 못한다. 아이를 사랑하는 마음을 무언가를 사 주는 것만으로 표현하는 것은 잘못된 것이다. 엄마는 그저 사랑을 가득 담아 내 아이를 꼬옥 안아 주면 된다.

내 지인 J의 아기는 6개월도 안 되었는데 누구보다 스타일리시했다. J의 아기를 보는 엄마들은 매일 너무 예쁘다며 칭찬했다. 매일 예쁜 옷, 다른 옷을 입었다. 옷뿐만 아니라 양말, 신발, 헤어밴드 등 다양했다. 유모차도 디럭스 1대, 절충형 2대, 휴대용 1대까지 4대나 있다. 아기를 위한 것이라면 무리해서라도 구매를 했다. 저축은커녕 마이너스 통장을 사용했다. 그렇게 해서라도 예쁜 내 아기를 보면 행복하다고 했다. 자신의 옷을 구매할 때에는 인터넷 최저가를 뒤졌다.

J는 육아 휴직 기간이 끝나고 복직 후 월급으로 갚아 나가고 있다. 복직하면 조금 나아질 것이라는 생각과는 다르게 돈은 쉽게 모이지 않았다. 생활이 그다지 나아지지도 않았다. 아이에게 들여야 하는 돈은 점점 더 늘어나고 있다. 돈을 벌어도 아이에게 더 많이 해줄 수가 없었다. 조금의 여유가 생겨도 자신에게 쓰기가 쉽지 않았다. 점점 자신보다는 아이를 위한 인생을 살고 있었다. 자신을 잃어가고 있었다.

아이를 갖게 되면 엄마들은 '좋은 엄마 콤플렉스'에 빠진다. 누구보다 '좋은 엄마'가 되기를 원한다. 아이에게 원하는 모든 걸 해주는 능력 있는 엄마가 되고 싶어 한다. 자신감 넘치고 당당한 멋진 아이로 키우고 싶어 한다. 남부럽지 않은 인생을 사는 아이로 성장하길 원한다. 그렇게 키우기 위해 대부분의 엄마는 자신을 버리고 아이에게 희생을 한다. 자신은 덜 먹고 덜 쓰더라도 아이에게 좋은 것이라면 아낌없이 구매한다. 3만 원짜리 엄마 옷은 비싸다고 망설이면서 100만 원이 훌쩍 넘는 유모차는 쉽게 구매한다.

매일 다른 옷, 예쁜 옷을 입는 아기를 보면 주변에서는 엄마를 칭찬한다. 신상 젖병, 신상 치발기, 신상 딸랑이 등 신상 육아용품을 사용하는 아기를 보면 엄마들은 "어머, 이거 어디거예요?"라며 물어본다. 아기가 떼쓰지 않고 조금 순하면 엄마가 교육을 잘 시키고 있다고 생각한다. 이러한 시선, 평가가 '좋은 엄마'의 모습으로 더 많이 인식되어 있는 것이다. 한 명만 낳아 제대로 기르고자 하는 엄마들이 많다 보니 '좋은 엄마 콤플렉스'가 더 퍼지는 것이다. 다른 아이들은 다 하는데 하나뿐인 내 아이만 안 한다? 몰랐다면 모를까 안다면 그냥 넘어갈 수 없다. 결국 엄마 스스로를 희생하고 아이에게 전념하여 대리 만족을 한다.

엄마는 목이 늘어난 티를 입어도 아이가 예쁜 옷을 입고 웃어 주면 행복하다. 엄마는 머리가 다 뻗쳐서 질끈 묶어도 내 아이가 예쁜 리본 헤어밴드를 하고 있으면 행복하다. 이 행복도 엄청난 행복이다. 하지만 엄마 자신만의 행복이 사라지고 있다. 아이를 위한 삶을 살고 있기에 아이가 자신의 바람대로 되지 않으면 속상하다. 아이는 자랄수록 자신의 생각과 고집이 생긴다. 엄마 바람대로 행동하지 않는다. 결국엔 마음대로 되지 않는 아이에게 짜증을 내는 모습을 발견한다. 잠이 든 아이를 보며 미안하다며 눈물을 흘린다.

좋은 엄마라는 말에는 다양한 모습의 엄마들이 존재한다. 아이가 원한다면 무엇이든 사 주는 엄마, 교육을 위해 어릴 때부터 아이에게 투자하는 엄마, 아이만을 위해 자신의 인생을 기꺼이 다 바치는 엄마, 물질보다 사랑을 주는 엄마, 공감해 주는 엄마 등이 해당한다. 참 많은 모습과 의미들 중 대부분 사랑과 공감보다는 물질과 희생을 하는 엄마의 모습이 많다.

'좋은 엄마'란 아이에 대한 무조건적인 희생을 하는 엄마가 아니다. 자신을 잃어가는 엄마가 아니다. 자신을 먼저 사랑하는 엄마여야 한다. 아이에게 좋은 장난감, 육아용품을 사 주는 것이 아니라 눈을 마주치는 엄마여야 한다. 무한한 사랑을 담아 꼬옥 안아 주는 엄마가 진정으로 좋은 엄마다. 아이의 입장에서 봤을 때, "우리 엄마는 좋은 엄마야!"라고 말할 수 있어야 한다. 지금 당신은 '좋은 엄마 콤플렉스'를 가진 엄마는 아닐까? 오늘 하루 자신을 돌아보며 깊게 한번 생각해 봐야 한다.

04

아이와 남겨지는 아내, 출근하는 남편

"여보, 당신은 출근해서 좋겠다. 밥도 제시간에 먹을 수 있고 잠깐 쉬고 싶으면 커피 한잔 하면서 쉴 수 있잖아."

출근하는 남편에게 나는 이렇게 말했다. 우리 아이가 생후 60일쯤 되었을 때였다. 나는 여전히 아이를 내 품에서 내려놓을 수 없었다. 하루 종일 아기띠를 허리에 두르고 아이를 안고 있었다. 화장실도 아기띠를 두른 채로 가야 했다. 아이가 잘 때는 내 배 위에 올려놓고 같이 누워 있었다. 내 끼니는 남편이 퇴근하고 돌아오면 야식으로 겨우 해결했다. 거의 대부분 하루 한 끼 정도 먹었다. 참다 참다 너무 배고파서 밥을 먹으려면 햇반 하나, 김 한 봉지를 꺼내어 주방에서 서서 먹었다.

나도 매일 출근을 하면 직장 동료들을 만났다. 함께 일에 대해 이야기하고 즐거운 일, 속상한 일도 공유하며 시간을 보냈다. 퇴근하면 친구도 만나 불금을 즐겼다. 쉬는 날에는 영화를 보면서 문화생활도 했었다. 내 휴대 전화는 끊임없이 카톡 알림음 소리가 들렸다. 그런데 이제는 매일 보던 직장 동료들도 만날 수 없었다. 친구도 만날 수 없었다. 카톡 한 줄 읽는 것조차 쉽지 않았다. 전화? 꿈도 못 꾸었다. 어쩌다 전화 통화를 한번 시도하면 "아! 미안해. 아기 운다. 나중에 통화해"라고 하고 끊기 바빴다. 그렇게 친구들의 연락도 뜸해졌다. 점점 외로워졌다.

출산을 하면서 내 인생은 너무나 달라졌다. 직장인으로서 열심히 일하던 나, 남편에게 예쁘게 보이려 항상 예쁘게 꾸몄던 나, 남편과 영화를 보며 데이트를 즐겼던 나는 사라졌다. 나는 원래 집에서만 있어도 매일 깨끗이 씻고 예쁜 잠옷을 입는 여자였다. 화장은 하지 않더라도 립틴트는 꼭 발랐다. 그래야 생기가 있어 보여 거울을 볼 맛이 났다.

그런데 육아를 하다 거울을 보니 웬 초라한 여자가 서 있었다. 세수도 제대로 못하고 머리는 질끈 묶었다. 아기가 토를 할 것을 대비해 한쪽 어깨에는 손수건을 올리고 있었다. 예쁜 잠옷 대신 후줄근한 면티를 입고 있었다. 퇴근하고 돌아온 남편에게 예쁘지 않은 내 모습을 보여 주기가 싫었다. 엄마가 되었어도 언제나 예쁘고 싶은 여자가 엄마다.

잠든 아이를 내려놓기를 시도해 보고 울지 않으면 곧바로 샤워를 하러 갔다. 언제 다시 울음보가 터질지 몰라서 최대한 빠르게 씻으려 노력했다. 머리에 샴푸칠을 하자마자 울기 시작했다. 샤워조차 마음 놓고 할 수 없었다. 헐레벌떡 거품만 헹구고 나와서 옷도 입지 못한 채 아이를 안고 달랬다. 겨우 진정이 되면 물을 한잔 마셨다. 나는 산후풍이 와서 이가 시려 따뜻한 물을 마셔야 했기에 벌컥벌컥 마실 수도 없었다. 물 한 컵을 마시더라도 잠깐의 여유가 필요했다. 커피도 마시고 싶었지만 그럴 여유가 없었다.

내 조리원 동기 중 S는 출산 후 100일 만에 회사에 복직했다. 다들 "벌써 복직해요? 몸조리 더 해야 할 텐데…"라며 걱정했다. 오히려 S는 "회사에 가면 앉아서 쉴 수도 있고 화장실도 마음대로 갈 수 있어요. 점심도 제 시간에 먹고 커피도 한잔 하고요. 아이가 보고 싶긴 하지만 육아에서 벗어난 이 순간이 좋아요."라고 말했다.

화장실을 가는 것, 밥을 먹는 것, 샤워를 하는 것, 물을 마시는 것 모두 아무것도 아닌 일들이다. 살면서 감사하다고 생각해 본 적이 없는 일이다. 그런데 엄마가 되면 아무것도 아닌 일이 아무것도 아니지 않게 된다. 차 한잔 마시는 여유, 그 짧은 시간이 얼마나 소중하고 감사한 일인지 모른다.

이러한 내 삶의 변화에 비해 남편의 생활은 변한 것이 없어 보였다. 달라진 것이 있다면 집에 오면 아이가 있다는 것. 결혼 전과 똑같이 회사로 출근을 하고 퇴근을 했다. 매일 사람들을 만나고 즐겁게 대화도 나누었다. 점심시간이 되면 하던 일을 멈추고 직원 식당으로 향했다. 세 가지 이상의 반찬과 국으로 구성된 식사를 했다. 매일 다른 메뉴였다. 회식이라도 있는 날은 회식까지 하고 왔다.

씻고 아이를 조금 보다 보면 금방 한밤중이 되었다. 잠이 들었다. 다음 날 아침 출근을 해야 한다는 이유로 새벽에 아이가 울어도 일어나지 않았다. 그렇게 크게 우는데 그 울음소리가 귀에 들리지 않는다는 사실에 나는 화가 나서 발로 뻥 찬 적도 있다. 통잠은 아이가 자야 하는데 남편이 자고 있었다. 알람 소리는 잘 들으면서 내 아이 울음소리가 안 들린다니! 이해할 수가 없었다.

요즘은 옛날과 다르게 여자들도 남자들과 똑같이 학교에 가서 교육을 받는다. 똑같이 사회생활과 경제 활동을 한다. 그런데 출산을 하면 육아는 자연스럽게 엄마의 일이 된다. 왜 똑같이 일하는데 육아도, 집안일도 여자의 몫이 되는 걸까? 왜 엄마의 생활만 바뀌어야 하는 걸까?

집에 남겨진 엄마는 집사람이 된다. 점점 외롭고 자존감을 잃어간다. 변한 자신의 모습을 보면서 점점 더 우울해진다. 분명 결혼하기 전, 출산 전에는 날씬하고 당당한 여자였다. 세상을 다 집어 삼킬 것만 같은 자신감을 가지고 있었다. 아직 미혼인 친구들이 자유롭게 여행을 다니는 모습을 보면 너무나 부럽다. 백화점에 가서 200만 원이 넘는 프라다 가방을 자신을 위한 선물이라며 한 치의 고민없이 구매하는 모습을 보면 더 초라해진다.

자신이 초라하다고 느끼거나 우울해진다고 느끼는 엄마들에게 나는 무조건 아이를 남편에게 맡기라고 말한다. 〈슈퍼맨이 돌아왔다〉 프로그램에서처럼 아빠 육아의 날을 선물하는 것이다. 나는 그날을 슈퍼맨 데이라고 부른다. 일의 종류, 상황에 따라 가능하지 않을 수도 있다.

회사 일을 하는 것도 물론 힘들다는 사실은 안다. 하지만 힘들어도 아빠이니까 육아를 해야 한다. 육아의 고됨도 알아야 한다. 자고 싶을 때 못 자고, 먹고 싶을 때 못 먹는 경험을 직접 해봐야 한다. 몸소 체험해 봐야 엄마의 감정을 조금이라도 더 이해할 줄 알게 된다. "오늘도 고생했어"라는 말 한마디라도 아내에게 진심을 담아 따뜻하게 건네는 법을 알게 된다.

육아를 남편에게 맡겼다면 엄마는 불안해하지 말아야 한다. 남편이 육아에 미숙하다 하더라도 잔소리를 해서는 안 된다. 남편을 믿어야 한다. 우리도 엄마가 처음이라 헤매었듯이 남편도 아빠가 처음이다. 그렇게 배워 나가는 것이다. 단둘이 지내면서 상호 작용을 하면 부성애가 더 커지게 된다. 아빠만의 육아 노하우가 생길 것이다. 그럼 그 노하우를 서로 공유하면 더 행복한 육아를 할 수 있다.

그래도 남편이 육아하는 모습을 보고 있는 것이 불안하다면 외출하기를 권한다. 머리부터 발끝까지 예쁘게 단장을 하고 하이힐을 신고 외출을 해보자. 자유의 몸으로 외출해서 바깥공기를 마셔 보자. 근처 카페에 가서 차 한잔 마시며 창밖을 바라보는 여유를 가져야 한다. 백화점에 가서 아이쇼핑이라도 해야 한다. 예쁜 옷을 입어 보고 가방도 들고 거울을 보자. 거울 속에는 외롭고 우울해하던 초라한 여자가 아니라 예전의 나, 자신감 있는 당당한 여자가 서 있을 것이다. 소소한 행복으로 힐링하고 돌아오면 남편과 아이가 밝게 웃으며 맞아 줄 것이다.

남편이 육아 휴직을 할 수 있다면 적극적으로 사용하는 것도 좋은 방법이다. 육아 휴직을 해도 생계에 지장이 없다면 말이다. 정부에서는 세계 최저 수준인 우리나라의 출산율을 높이기 위해 아빠도 육아를 할 수 있도록 남성 육아 휴직 제도를 장려하고 있다. 출산 축하 장려금, 육아 지원금을 매달 10만 원씩 지급하는 것보다 아빠를 육아에 참여하게 해서 엄마들을 덜 힘들게 하는 것이 출산율을 높이는 데 더 효과가 있다고 판단한 것이다.

기업 중에서는 롯데그룹이 최초로 남성 육아 휴직 제도를 의무화하여 사용하도록 하고 있다. 워라밸(Work and Life Balance, 일과 삶의 균형)을 추구하는 정책을 실시하고 있는 것이다. 배우자가 출산을 하면 최소 1개월 이상 꼭 육아 휴직을 사용해야 한다. 급여도 1개월은 통상 임금의 100%를 보장해 준다. 2017년 12월 기준 1,100명이었던 롯데그룹 내의 남성 육아 휴직자 수는 2018년 6월엔 2,000명으로 대폭 늘었다. 1달만이라도 급여가 보장되는 이 제도는 모든 기업으로 공평하게 퍼져 나가야 한다.

엄마가 가장 힘들어하는 시기에 육아 휴직으로 남편이 함께 육아를 한다면 훨씬 행복한 가정이 될 것이다. 아마 〈슈퍼맨이 돌아왔다〉 프로그램의 로희 아빠 기태영처럼 아빠가 육아에 적극 참여한다면 엄마가 자신의 생활만 변했다며 우울해하는 일은 급격히 줄어들 것이다.

05

육아, 행복하지만은 않다

　모든 여자들이 결혼을 할 때에는 아름다운 가정에 대한 로망이 있다. TV 광고에서 자주 보는 그 장면. 우리가 상상하는 그 모습이다. 말끔하게 정장을 입고 출근하는 남편은 퇴근할 때 아내를 위해 꽃다발을 사 온다. 아내는 주방에서 보글보글 된장찌개를 끓이다가 남편을 맞이한다. 예쁘게 앞치마를 입은 모습으로 말이다. 아이들은 거실에서 장난감을 가지고 "꺄르르~" 웃으며 놀고 있다. 엄마는 남편을 내조하고 아이에게 책을 읽어 주면서 행복한 시간을 갖는 것이다. 안정감을 느끼는 것이다.

　하지만 현실의 육아, 현실의 가정의 모습은 다르다. 방금 청소한 집은 아이가 주스를 엎어 난장판이 되었다. 장난감도 널브러져 있다. 걸레를 가지러 간 사이에 아이는 바닥에 엎어진 주스를 먹기도 한다. 재미있다며 손으로 비비고 물장구를 친다. 엄마는 헐레벌떡 뛰어와서 못하게 한다. 말끔하게 정장을 입고 퇴근하는 남편의 모습도 없다. 결혼과 동시에 살이 찌고 배가 나온 아저씨가 들어온다. 하루 종일 집안일과 육아에 지친 엄마의 모습도 가관이다. TV에서 보던 아름다운 가정의 모습? 로망은 로망일 뿐이다.

나는 남편을 만나 연애, 결혼, 출산까지 딱 1년이 걸렸다. 2015년 1월에 만나 5월에 상견례, 임신, 10월에 결혼, 2016년 1월 말에 아들을 출산했다. 1년이라는 짧은 기간에 많은 변화가 일어났다. 내 삶에 일어나는 급격한 변화를 받아들이는 데에는 시간이 필요했다. 적응 기간에 나는 산전 우울증을 겪었다. 내 삶의 변화에 적응하지도 못했다. 그 상태로 세상에서 가장 극한 직업, 엄마의 삶을 시작했다.

출산 후, 셋째 날에 아이를 안아 봤다. 다른 산모들은 아이가 너무 보고 싶어서 하루 만에 신생아실로 간다는데 나는 그렇지 않았다. 엄마가 되었다는 사실을 아직도 실감하지 못하고 있었다. 모성애? 아이를 낳는다고 바로 생기는 것이 아니다. 너무나 작고 여린 아이, 하지만 내 배 속에서 나왔다고 보기엔 큰 아이. 그 사실이 그저 신기했다.

엄마가 되자마자 가장 먼저 다이어트를 하고 싶었다. 몸조리가 먼저라는 사실은 알지만 축 처진 가슴과 늘어진 뱃살을 보니 심란했다. 운동을 하고 싶었지만 할 수 있는 환경이 전혀 주어지지 않았다. 거울을 볼 때마다 나는 더 우울했다. 나는 점점 자존감이 바닥을 치고 있었다.

'다산의 여왕'이라 불리는 개그우먼 김지선은 네 아이의 엄마다. 그녀는 현재 50대에 가까운 나이에 20대 같은 몸매를 자랑하는 엄마이다. 항상 밝은 이미지로 기억되는 그녀는 넷째를 출산하고 우울증이 찾아왔다. 출산, 육아, 모유 수유를 한 기간만 9년이다. 늘어진 자신의 몸매를 보면 늘 우울했다고 한다. 심지어 자살 충동까지 겪었다고 했다. 그녀는 운동, 다이어트를 통해 20대 같은 몸매를 만들었다. 예쁜 몸매를 만들었더니 자신감이 생긴 것이다. 자존감이 높아지면서 행복해진 그녀는 산후 우울증을 극복했다.

네 아이를 키우면서 분명히 운동할 여유가 많지 않았을 것이다. 김지선은 의지의 차이라고 말한다. 그녀는 운동을 통해서 자신의 시간을 가졌고 자존감을 회복했다. 나도 내 변한 모습에 우울하고 육아가 너무 힘들었지만 어떻게든 운동을 할 방법을 생각했다. 그날도 아이를 재우려고 아기띠를 하고 있었다. 아기띠를 한 채로 나는 계속 움직였다. 집 안에서라도 걷고 또 걸었다. 다리를 구부렸다 피면서 반동을 주기도 했다. 살살 흔들어주니 아이는 울음을 그치고 비교적 쉽게 잠이 들었다. 계속된 움직임으로 예전의 내 몸으로 다시 돌아올 수 있었다.

산전 우울증을 겪은 산모는 산후 우울증까지 연결될 가능성이 크다. 그리고 자존감이 많이 떨어진 사람에게 나타나는 증상이다. 자존감이 떨어지는 요인 중 하나는 예전과는 다른 엄마의 외적인 변화이다. 출산으로 인해 늘어진 살을 보면 더없이 우울해진다. 초라해진 자신의 모습을 보았을 때, 자신을 잃고 있는 모습을 발견했을 때 우울해지는 것이다. 외모

지상주의인 요즘 시대에는 더 그렇다.

출산하기 전부터 많은 엄마들이 예전과 같은 모습으로 돌아가고 싶어 한다. 그러나 아이 때문에 시간이 없다고 말한다. 하지만 개그우먼 김지선도, 나도 같은 상황이었다. 생각을 바꾸어 현재 상황에서 할 수 있는 방법을 찾으면 된다.

내가 임신 시기에 스트레스를 많이 받았던 탓에 우리 아이는 굉장히 예민했다. 하루 종일 품에 안고 있어야 했다. 특히 잠투정이 굉장히 심했다. 매일 2~3시간씩 우는 통에 잠을 재우다가 내가 먼저 지치고 화가 났다. 한번은 아직 100일도 안 된 아이에게 "아! 미치겠네! 어떻게 해달라고! 좀 자!"라며 소리를 치고 있는 나를 발견했다. 그 순간 나는 눈물이 났다. 화나는 감정, 나에게 놀란 감정, 아이에게 미안한 감정이 복합적으로 올라왔다. '이래서 아기 엄마들이 아파트에서 뛰어내리는 구나.'라는 생각도 들었다.

나는 더 이상은 안 될 것 같아 우는 아이를 침대에 내려놓고 잠시 떨어지기로 했다. 역시나 아이는 얼굴이 터질 것처럼 울었다. 그래도 나는 아이에게 가지 않았다. 내 감정이 이러니 아이를 안아 봐야 또 똑같은 행동이 나타날 것만 같았다. 내가 방금 무슨 짓을 한 것인지 도무지 이해가 되지 않았다. 몇 분간 심호흡을 하면서 마음을 다스렸다.

그 순간 나는 '이대로는 안되겠다.'라고 생각했다. 스트레스를 풀 수 있는 무언가를 해야겠다고 생각했다. 극도의 스트레스를 받고 있는 상태로는 아이를 보기 위해 함께 있어도 아이를 위한 것이 아니라고 생각했다. 떨어져 있기도 몇 분, 다시 아이에게 다가가 안아 주었다. 심호흡으로 약간 마음을 추스르고 아이를 다시 보니 '세상에 나온 지 얼마 안 된 아이, 내 배 속에 있다가 갑자기 새로운 공기, 새로운 공간에 나온 아이가 얼마나 불안하고 무서울까'라는 생각이 들었다. 나조차도 매일 가던 길이 아닌 낯선 길을 가거나 낯선 공간에 있게 되면 불안함과 두려움 때문에 발걸음이 빨라지는데 말이다.

다시 꼭 안아 주고 토닥여 주었다. 노래를 불러 주고 오르골을 틀어 주었다. 깜깜한 방이 아닌 수면등을 은은하게 켠 상태로 살살 흔들어 주었다. 그래도 아이는 쉽게 잠들지 못했고 내 기분은 아까처럼 또 화가 나기도 했다. 이러지도 저러지도 못하는 내 모습이 답답했지만 어쩔 수 없었다. 갓난아이의 배냇짓, 작은 손, 작은 발을 보면서 한없이 귀엽고 행복했다가도 힘든 순간들은 몰려왔다. 알아듣지도 못하는 갓난아이를 안고 이것저것 그림을 보여 주며 동화를 읽어 주기도 하고 설명을 해주기도 했다. 그런 내 모습을 보며 '나 지금 뭐하고 있는 거지?'라며 헛웃음이 나오기도 했다. 마치 조울증처럼 보이기도 한다.

이런 내 모습은 영락없는 초보 엄마의 모습이다. 여자로서 사랑, 결혼, 출산을 다 경험하면 마냥 행복하기만 할 줄 알았다. 하지만 그렇지 않은 현실에 실망을 한다. '사랑과 결혼은 다르다.', '결혼하면 현실이다.', '결혼 천천히 해.'라는 말들을 참 많이 들었다. 특히 결혼한 친구, 선배, 어른들에게 말이다. 그 말들이 아이를 낳고 나서야 이해가 된다. 그만큼 엄마가 되어 아이를 키운다는 일은 어렵기 때문이다. 아이와 함께 지지고 볶고, 서로 부딪히며 사는 다른 엄마들의 모습이 행복해 보였지만 현실은 달랐다. 눈에 보이는 것과 현실은 다른 법이라는 것이다. 그래도 아이가 있음에 그동안은 느껴 본 적 없는 행복과 감정들을 겪게 된다.

아이를 낳고 기르는 일, 육아는 절대로 우울한 일이 아니다. "아이가 있는 집엔 웃음이 끊이지 않는다."는 말도 있다. 아이는 부모에게 행복을 주는 존재이다. 하지만 모든 순간이 다 행복하지만은 않다. 매일 밥만 먹으면 질려서 먹을 수 없듯이 엄마라고 한 순간도 빠짐없이 행복하기만 할 수는 없다. 밥이 질리지 않게 반찬이나 다른 메뉴를 먹듯이 아이와 함께 하는 시간에도 행복을 유지할 수 있는 활력소가 필요하다. 마냥 행복하지 않은 감정은 엄마도 사람이기에 당연한 감정이다. 다만, 그 감정이 너무 오래 지속되기 전에 나만의 시간을 가져서 각자에 맞는 활력소를 찾아야 한다.

아이의 출산과 함께 엄마도 다시 태어났다

드라마 〈미생〉의 장그래는 바둑으로 외길 인생을 걷다가 프로 입단에 실패했다. 운 좋게도 원인터네셔널이라는 회사에 입사하여 자신의 전공 분야와는 전혀 다른 분야의 일을 하게 되었다. 사회 초년생이었던 장그래는 복사기 사용법을 몰라 버벅댔다. 외국어를 하지 못해 외국에서 걸려 온 업무 전화를 받지 못했다. 오상식 상사의 전화를 잘못 받아 혼쭐이 나는 장면도 나온다. 회사에 입사해 할 줄 아는 것이 하나도 없었다. 그래도 장그래는 포기하지 않고 처음부터 배우면서 힘든 회사 생활을 이어 간다. 결국은 상사, 동료들에게 인정을 받게 된다.

나도 초중고 12년 동안 국어, 영어, 수학 등 과목별 공부를 했다. 대학 생활 4년 동안 식품영양학과에서 영양사가 되기 위한 지식을 배웠다.

교육대학원 생활 2년 동안은 영양 교육 전공 공부를 했다. 참 오랜 기간 동안 공부하여 어렵게 취업에 성공해 첫 출근을 했다. 나도 장그래처럼 할 줄 아는 것이 하나도 없었다. 상사 혹은 손님이 오면 커피를 드려야 하는데 커피 타는 법을 몰랐다. 복사를 해야 하는데 복사기 사용법을 몰랐다. 업무 전화를 받을 때 어떻게 받아야 하는 것인지 몰랐다.

매일 보던 컴퓨터인데 켜 놓고 할 수 있는 것이 없었다. 하루 종일 긴장 상태를 유지했다. 화장실을 가는 일조차 상사의 눈치를 보았다. 잠시 자리를 비워 화장실을 가려면 보고를 하고 가야 하는지 그냥 가도 되는지 고민했다. 매일 실수를 연발하는 실수투성이었다. 총 18년을 취직을 위해 공부했는데 취직을 하고 보니 그동안 공부한 것을 써먹을 곳이 없었다. 전화받는 법을 배웠다. 복사기의 '복사' 스위치 누르는 법을 배웠다. 맥심 믹스 커피를 탈 때 물의 양은 얼마나 넣어야 하는지를 배웠다. 사회 초년생의 나는 모든 것을 새로 배우는 신생아 같았다.

엄마라는 직업도 마찬가지다. 엄마는 임신 기간 동안 육아책을 읽으며 육아를 공부한다. 산모 교실에 다니면서 육아에 관한 강의도 듣는다. SNS로 선배 엄마들의 육아 일상을 보며 육아를 예습한다. 어떤 기저귀가 좋은지, 어떤 분유가 좋은지 알아본다. '육아는 장비발'이라는 말을 듣고 더 나은 육아, 조금 더 편한 육아를 위해 육아용품을 미리 준비한다. 엄마는 만반의 준비를 다 마친다.

이렇게나 완벽하게 준비했는데 엄마는 아이를 마주한 순간부터 멘붕 상황이 온다. 수유콜을 받고 산부인과 수유실에서 간호사에게 아이를 건네받는다. 엄마는 잘못 받아서 아직 뼈가 단단하지 않고 힘이 없는 아이의 머리가 뚝 떨어진다. 엄마는 깜짝 놀란다. 꼭 머리를 받치고 목을 잡아야 한다. 엄마가 안아 줬는데 어딘가 불편한지 갑자기 울음보를 터뜨린다. 편안하게 안는 방법을 배웠다. 아이에게 수유하는 법도 배웠다. 아이가 필수적으로 입어야 하는 기저귀 가는 방법도 배운다. 아이를 씻기는 방법까지 모두 다 배운다.

엄마는 아이를 출산하고 육아에 관한 모든 것을 새로 배우고 익힌다. 그럼에도 엄마가 처음이기에 매일 새로운 일에 당황한다. 아이마다 기저귀 가는 것, 씻기는 방법은 다 동일하지만 울음을 그치게 하는 방법은 또 다르다. 오늘은 왜 우는지, 배가 고파서 우는 것인지, 더워서 우는 것인지 울음소리를 구별해 내는 법도 배운다.

우리 아이 100일 때 일이다. 그날은 일요일이었다. 시부모님께 100일 축하를 받기 위해 외출 준비를 하고 있었다. 기저귀 갈이대에서 기저귀를 갈다가 아기를 떨어뜨렸다. 높이가 1m쯤 되었다. 아기의 머리는 아직 단단하게 굳어지지 않았다. 두개골이 완전히 붙지 않았기 때문에 항상 머리를 받치고 안아야 한다. 머리를 감싸 안아야 하는데 떨어뜨린 것이다. 아이는 자지러지게 울었고 나는 너무나 놀랐다. 곧바로 아이를 안고 남편과 함께 대학병원 응급실로 달려갔다. X-ray를 찍어 보았다. 다행히 아무 이상이 없었다.

소아과 교수님도 아기 낙상 사고는 흔하게 일어나는 일이라고 했다. 엄마의 잘못이 아니니 너무 자책하지 말라며 나를 위로해 주셨다. 하지만 낙상 사고는 조심해야 한다고 했다. 아이는 울음도 그쳤고 눈에 초점이 없거나 평소와 다른 행동은 없었다. 그 후 며칠을 더 세심하게 관찰하고 완전히 괜찮다는 사실에 안도했다.

네이버 검색창에 '아기 낙상', '아기 머리 쿵' 이라는 키워드를 검색해 보면 무수히 많은 정보가 나온다. 나와 같은 엄마들이 많다는 것을 입증하는 사실이다. 아마 아이가 침대, 기저귀 갈이대 등에서 떨어지는 일은 한 번쯤은 다 경험해 보았을 것이다. 나처럼 너무 놀라 병원으로 바로 가는 엄마들도 있고 먼저 인터넷에서 검색해 보는 엄마들도 있다. 각자의 방법은 다르지만 이러한 경험으로 엄마는 또 배운 것이다. 이 경험으로 다음에 같은 상황이 생긴다면 유연하게 대처할 수 있다. 다른 상황에도 적용하여 대처할 수 있다.

아이가 넘어지거나 떨어져도 엄마는 너무 놀라지 않아야 한다. 태연한 척해야 한다. 엄마가 놀라면 그 모습에 아이가 더 겁을 먹어 울게 된다. 그 순간의 엄마의 감정을 조절하기란 쉽지 않다. 하지만 곧 마음을 가라앉히고 아이를 바로 안아 줘서 안심시켜야 한다. 아이를 안고 천천히 세심하게 관찰해야 한다.

우리 가족은 100일이 지난 기념으로 아이와 함께 동물원에 가기로 했다. 기저귀 가방에 기저귀, 젖병, 거즈 손수건, 물티슈, 분유, 따뜻한 물을 담은 보온병, 여벌 옷 2벌, 공갈 젖꼭지 등 아기용품을 다 챙겼다. 빠뜨린 것은 없는지 몇 번을 체크하며 준비했다. 그런데 아이와 외출을 하려면 준비하느라 너무나 정신이 없다. 엄마도 준비해야 하고 아이도 챙기면서 준비물까지 챙겨야 한다. 엄마들은 많은 공감을 할 것이다. 우여곡절 끝에 준비를 마치고 동물원으로 출발했다.

차를 타고 고속 도로에 진입했는데 갑자기 아이가 응아를 했다. 당장 수유실을 갈 수 없는 상황이라 차 안에서 기저귀를 갈아 줘야 했다. 한쪽에 잘 눕히고 기저귀를 꺼내려고 가방을 열었다. 그런데 기저귀가 없었다. 가방을 몇 번을 뒤져봐도 기저귀는 눈에 보이지 않았다. 몇 시간 동안 준비하고 몇 번을 체크했는데도 그 중요한 기저귀를 챙기지 못한 것이다. 순간 나는 멘붕 상태에 빠졌다. 나와 남편은 어이가 없어 웃음이 나왔다. 그런데 지금 웃을 일이 아니었다. 바로 기저귀를 갈아 주지 않으면 아이의 엉덩이가 짓물러 아프기 때문이다. 마음이 급했다. 바로 고속도로에서 빠져나와 근처 마트로 기저귀를 사러 갔다.

나의 이 일화는 지금 너무 재미있는 추억거리이다. 하지만 처음 경험하는 그 상황에서는 정말이지 진땀을 뺐다. 얼마 전 지인 H와 J도 이런 일을 겪었다고 했다. 엄마가 되면 깜빡깜빡 하는 일이 많이 생긴다. 좌충우돌 실수 연발이다. 당연하다고 생각되는 일을 실수한다. 엄마는 돌발 상황이 언제 또 일어날지 몰라 항상 긴장 상태를 유지한다. 아이의 울음에 즉각 대응한다. 일어나지 않을 일에 대해서도 혹시나 하는 마음으로 대비를 한다.

나처럼 아이의 낙상 사고를 경험하기도 하고 기저귀를 놓고 외출하는 것도 엄마가 처음이기 때문이다.

아기는 세상에 태어난 순간부터 배움의 연속이다. 자신의 손이 어디 있는지, 어떻게 생겼는지도 모른다. 자기의 몸에 있는 손을 사용하는 방법도 모른다. 물고 빨고 하면서 자신의 손의 생김새를 알게 된다. 그렇게 손을 인식하면 치발기를 잡고 입으로 가져갈 수 있다. 엄마도 마찬가지다. 아무도 엄마가 해야 하는 일을 가르쳐 주지 않았다. 학교에서도 사회에서도 배운 적이 없다. 똑똑한 박사 학위를 가진 엄마여도 엄마의 일은 할 줄 모른다. 엄마도 엄마가 처음이다. 실수투성이 엄마인 것은 당연한 것이다. 엄마도 출산과 동시에 다시 태어났다. 아이가 손을 빨듯이 실수를 통해 나만의 육아법을 배우면 된다.

엄마도 퇴근하고 싶다

'엄마'라는 직업이 세상에서 가장 극한 직업이라고 표현되는 이유는 무엇일까? 7가지로 정리해 보았다.

1. 밥을 제시간에 먹을 수 없다.
2. 잠을 푹 잘 수 없다.
3. 매일 24시간 긴장 상태를 유지해야 한다.
4. 퇴근 시간이 없다.
5. 잠을 자고 있는 새벽 3시라도 보스가 부르면 바로 출근해야 한다.
6. 금전적인 보상이 없다.
7. 행복한 마음을 가지고 일을 해야 한다.

내가 취업을 하기 위해 직장을 구하는 취업 준비생이라면 이렇게 일하는 직업에는 절대 지원하지 않을 것이다. 아마 이 세상에 이런 직업에 자발적으로 지원하는 사람은 없을 것이다. 〈무한도전−극한알바 편〉에 방영되었던 고층 빌딩 외벽 청소하기, 인도 뭄바이 빨래터에 빨래하기보다 더 극한 직업이다. 그래도 그런 직업은 퇴근은 있으니까.

그런데 지금 내가 가지고 있는 직업이 바로 '엄마'라는 직업이다. 엄마가 되기 전에는 아침에 예쁘고 깔끔하게 차려 입고 회사를 가는 멋진 커리어 우먼이었다. 퇴근하고 집에 오면 맛있는 저녁을 먹고 소파에 누워 TV를 보며 쉬는 것이 일상이었다.

여자의 인생은 결혼 후부터 바뀌는 것이 아니다. 출산을 하면서 바뀌는 것이다. 출산과 동시에 회사 대신 내 옆에 누워 있는 아이에게 출근한다. 아이는 우리 집 상전이라 "앵~"하고 울음소리를 내면 즉각 반응해야 한다. 새벽에도 수유를 하기 위해 일어나야 한다. 육아를 하는 데에는 어떤 보상이 없다. 웃는 아이를 보고 엄마도 미소를 띠면 순간 행복하다. 그 순간이 육아에 대한 보상이다.

인스타그램에 '#육아 퇴근'이라는 키워드를 검색해 보았다. 198,887개의 글이 나온다. '#육아 퇴근 하고 싶다', '#육퇴' 등 변형된 키워드도 수두룩하다. 얼마나 많은 엄마들이 육아라는 일에서 퇴근하고 싶어 하는지 알 수 있는 키워드다. 나는 인스타그램에 '육아 퇴근 하고 싶다.'라는 글을 써서 사진을 올려 보았다. 많은 엄마들의 공감을 불러일으켰다. '저도 육아 퇴근 하고 싶네요', '오늘 우리 아이는 몇 시에 잘까요?', '오늘은 통잠 자주길 바라요.' 등 많은 댓글이 달렸다.

엄마들이 육아를 하면서 가장 힘들다고 말하는 순간은 새벽에 일어나서 아이를 돌봐야 하는 순간이다. 전투 육아를 마치고 드디어 잠을 자며 피로를 회복하는 시간인데 눈을 뜨지도 못한 상태로 아이를 달랜다. 20~30분 만에 금방 잠이 들면 다행이다. 새벽에 깨서 노는 새벽형 아기도 있다. 밤낮이 바뀌어 낮에 자고 새벽에 활동하는 아기도 있다. 엄마의 다크서클이 무릎까지 내려올 만큼 점점 더 힘들어 한다. 이 또한 산후 우울증을 불러올 수 있다.

'잠이 보약이다.' 라는 말이 있다. 잠은 낮에 쌓인 우리 몸의 피로를 풀어 준다. 스트레스도 줄여 준다. 에너지 충전을 해서 다시 활기찬 하루를 살 수 있도록 하는 원동력이다. 잠을 잘 자기 위해 숙면에 도움을 주는 라텍스 베개, 메모리 폼 베개, 경추 베개 등 많은 상품이 있다. 꿀잠을 잘 수 있도록 더 포근한 침구 세트를 구매한다.

KBS에서 〈당신이 잠든 사이에〉라는 제목으로 방영된 다큐멘터리에서 55시간의 '수면 박탈 실험'을 방영했다. 건강한 대학생 남여를 대상으로 잠을 자지 않는 시간이 점점 길어짐에 따른 변화를 조사했다. 지원자들은 처음에는 18시간까지는 만화책이나 영화를 보며 거뜬하게 버텨 냈다. 21시간이 지난 후부터는 하품을 하거나 피곤한 표정이 나타나기 시작했다.

35시간 후에는 지원자들의 얼굴은 굳어 버렸다. "졸려 죽겠다", "제발, 잠 좀 자고 싶다."라는 말을 하지 않아도 표정에서 알 수 있었다. 짜증도 가득했다. 신체적으로는 혈압과 체온이 떨어졌다. 44시간이 지나자 말하는 것조차 힘들어 했다. 자리에 앉기만 하면 눈이 감겼다. 잠들지 않기 위해 '007 게임'을 하면서 잠을 쫓았다.

최종 55시간이 지난 후 신체적인 변화를 검사했다. 체온, 맥박, 혈액이 크게 떨어졌다. 면역력이 줄어들었고 포도당 조절 능력에도 문제가 생겼다. 이 결과는 고혈압, 당뇨, 비만의 질병이 생기기 쉽다는 뜻이다. 전체적으로 몸의 기능에 이상이 생겼고 심각한 질병으로 이어 질 수 있음을 보여 주었다.

건강한 대학생 남녀를 대상으로 한 실험이었는데 55시간 만에 큰 변화가 나타났다. 엄마는 이러한 일과를 최소 100일은 해야 한다. 그만큼 힘든 일이기에 '100일의 기적'이라는 말도 있는 것이다. 100일 정도가 지나면 통잠을 자기 시작한다. 아이마다 기질이 다르기 때문에 더 빠른 아이도 있다. 나처럼 18개월까지 통잠을 못자는 아이도 있다.

어쨌든 엄마는 출산을 한 지 얼마 안 된 기간이다. 임신과 출산으로 면역력이 떨어져 있는 상태로 충분한 잠을 자며 몸조리를 해야 한다. 그런데 엄마들은 그럴 수 없으니 면역력이 나아지지 않는다. 더 약해지기도 한다. 가벼운 감기도 그냥 지나가지 않는 경우가 많다. "아기 낳고 나니 온몸이 만신창이가 되었다."라는 말이 충분히 나올 법하다. 어떤 일을 할 때에도 휴식 시간은 필요하듯이 우리 몸도 휴식이 필요하다. 내 몸은 내가 사려야 하기 때문에 상황을 보면서 컨디션을 조절해야 한다. 밤에 잠을 잘 수가 없다면 아이가 낮잠을 자는 시간이라도 활용해야 한다. 잠시라도 육아 퇴근을 해야 한다.

 아이가 16개월쯤 되었을 때, 내가 급체를 한 데다가 몸살 기운이 겹쳐 심하게 아팠던 날이 있었다. 이틀 동안 머리가 아프고 움직이기가 힘들었다. 밤새 토를 하고 38도 이상의 고열이 지속되었다. 병원을 다녀와서 약을 먹어도 쉽게 좋아지지 않았다. 설상가상으로 아이도 감기가 심하게 걸려서 어린이집을 갈 수 없는 상황이었다. 남편은 출근하고 내가 아이를 돌봐야 했다. 아픈 몸을 이끌고 최대한 움직여 보았지만 아이를 제대로 돌볼 수 없었다. 밥은 아주 간단하게 준비해 주었다. 조금 누워서 쉬려고 하면 아이의 기저귀를 갈아 줘야 했다. 기저귀를 가는 일조차 힘겹게 느껴졌다.

 게다가 아이도 감기에 걸려 아팠기 때문에 보채는 정도가 평소보다 더 심했다. 더 많이 안기고 밥도 잘 먹지 않았다. 장난감을 여기저기 늘어뜨리며 놀게 해도 마음대로 되지 않으면 짜증을 냈다. 나의 도움을 필요로 했다. 너무 힘든 나머지 결국 TV를 보여 주었다. 남편은 퇴근하고 오자마자 제대로 씻지도 못하고 아이를 돌봐야 했다. 저녁도 대충 라면을 끓여 먹었다. 아이가 잠들고 나서야 나에게 조금 더 신경 써 줄 수 있었다.

 회사에서는 8시간이라는 근무 시간과 한 시간의 휴식 시간, 퇴근 시간이 있다. 점심 식사 시간이나 중간에 쉬는 시간도 있다. 일을 하다 몸이 뻐근하면 기지개를 켜기도 하고 바람을 쐬기도 한다. 몸이 아프면 조퇴를 할 수도 있다. 그런데 엄마는 퇴근, 쉬는 시간, 조퇴라는 개념이 없다. 아파도 마음대로 쉴 수도 없는 사람이 엄마이다. 아픈 몸을 이끌고 아이를 먹이고, 안고, 씻겨야 한다. TV나 스마트폰만 하염없이 보여 주게 된다. 그래도 아이는 엄마를 쉴 새 없이 찾는다. 아플 땐 쉬어야 빨리 낫는 법인데 이러니 빨리 낫을 수도 없다.

아이의 울음에 이유가 있듯이 엄마의 몸이 아픈 것도 이유가 있다. 내가 아팠던 일도 그만한 이유가 있었다. 내 하루 일과는 아침에 눈을 뜨면 잠드는 새벽 시간까지 잠시도 쉴 틈이 없었다. 아이와 함께 일어나면 아침을 먹이고 어린이집을 보냈다. 곧바로 집 청소를 하고 취미 생활을 위해 공방으로 향했다. 어린이집 하원 시간을 겨우 맞춰 아이를 데리러 갔다. 하원한 아이와 시간을 보내려 놀이터를 가곤했다. 두세 시간 놀고 집으로 돌아와 아이를 씻기고 저녁을 먹었다. 그때서야 나도 같이 밥을 먹었다. 그리고는 너무 춥거나 비가 오지 않으면 아이와 다시 나가서 밤 산책을 했다. 워낙 잠투정이 심한 아이였기에 유모차를 태우고 바람을 쐬면서 재워야 했다. 남은 에너지가 있다면 공원에서 놀게 했다. 힘을 다 쓰고 피곤해 하기를 바라는 마음도 있었다.

아이가 잠들고 나면 집 정리를 하고 작업실로 들어가 새벽 두세 시까지 가죽칼을 잡았다. 매일을 이렇게 지내다 보니 밥도 잘 챙겨 먹지 못하고 잠도 충분히 자지 못했다. 외출하기를 좋아하고 에너지가 넘치는 사람이었지만 체력에 한계가 왔던 것이다. 나의 삶과 육아의 균형을 이루기 위해 노력했지만 정말 중요한 것을 잊고 있었다. 육아 퇴근은 했지만 나에게서는 퇴근을 하지 못했던 것이다. 그 어떤 소중한 것도 건강이 없다면 누릴 수 없다는 사실을 망각했었다.

엄마는 로봇이 아니다. 차라리 로봇처럼 건전지를 넣거나 충전을 해서 매일 넘치는 에너지를 가졌으면 좋겠다. 하지만 사람이기에 몸의 상태, 컨디션 등이 매일 같을 수는 없다. 유난히 힘이 넘치는 날이 있으면 힘이 빠지는 날도 있는 법이다. 육아는 체력전이라고 한다. 그리고 엄청난 에너지를 쓰는 일이다. 근육질의 남자라도 아이의 에너지에는 못 당한다. 그렇기 때문에 '육아'라는 직장에서 퇴근하고 적당한 수면과 영양 섭취, 운동, 휴식이 필요하다. 그래야 삶의 질을 더 높일 수 있기 때문이다. 내 몸은 내가 제일 잘 아는 법이다. 스스로 잘 조절해야 한다. 때로는 휴식을 위해 엄살을 좀 부려도 괜찮고 요령을 피워도 괜찮다. 삶의 질이 높아진 엄마가 아이와 즐거운 시간을 더 많이 보낼 수 있다는 사실을 기억하자.

++++++++++++++

PART 2

> 육아에 정답은 없다

애플의 창업자 스티브 잡스는 "우리는 수많은 실수를 한다. 그것이 바로 인생이다. 하지만 그것들은 새로워지고 창조적으로 변한 다."라고 말했다. 공자는 "우리의 최대의 영광은 한 번도 실패하지 않 는 것이 아니라, 실패할 때마다 일어서는 데 있다."라고 했다. 이미 아 이는 뒤집기, 걷기를 시도할 때부터 많은 실패를 극복하고 일어섰다. 태어난 순간부터 많은 실수와 실패를 경험으로 삼고 더 나은 방향을 깨 달으며 성장하고 있는 것이다. 더 강한 아이가 되고 더 강한 어른이 되 는 것이다.

책으로 배운 육아 vs 현실 육아

나는 만삭 때에 출산에 대한 마음의 준비를 하기 위해 많은 육아책을 읽었다. 육아에 대해 아무것도 모르는 초보 엄마이기 때문에 사전 공부가 필요했다. 생후 1개월부터 24개월까지의 아기의 발달에 대해 미리 공부했다. 아직 출산 전이라 도대체 이해가 되지 않았지만 열심히 읽고 머릿속에 집어넣었다. 많은 육아책에서 말하는 공통점은 '애착 형성이 중요하다.', '엄마가 행복해야 아기도 행복하다.'라는 사실이었다. 세 살까지는 어린이집에 보내지 않고 내가 키우겠다고 다짐했다.

나름대로 마음의 준비와 많은 공부를 했다고 생각했다. 하지만 조리원을 퇴원함과 동시에 육아는 멘붕의 연속이었다. 아이는 유난히 등 센서와 우는 정도가 심했다. 특히 오후 10시부터 새벽 2시까지 지치지도 않고 울어 댔다. 밤 10시부터 새벽 2시는 성장 호르몬이 나오는 시간이라고 알고 있던 나는 아이가 오후 10시 이전에 꼭 자 주기를 바랐다. 아이는 잠은 자지 않았고 자지러지게 울었다. 얼굴은 시퍼레졌고 숨이 넘어갈 것만 같았다. 아이의 울음소리가 무엇을 원하는지 파악도 하지 못했다. 신생아의 수유 주기는 2~3시간이라고 책에서 배웠지만 울기 시작하면 시간과 관계없이 '배고픈가?'라고 생각하며 일단 분유를 먹였다. 아이는 울음을 그치지 않았다. 안아 줘도 살살 흔들어 줘도 울었다. 안아 줬다가 침대에 내려 두었다가 또 안아 주기를 반복했다. 백색소음을 들려주고, 유모차를 태우고, 바람을 쏘여 주고, 모빌을 보여 주고, 노래를 불러 주는 등 다양한 방법을 썼다. 하지만 통한 것은 하나도 없었다.

몇 시간 동안 아이도 나도 진을 빼고 겨우 잠들었다. 한 시간 뒤에 또 깨서 울기 시작했다. 아까와 같은 상황을 반복했다. 알고 보니 '원더윅스(아기가 힘들어하는 열 번의 시기)'였다. 육아책에서 원더윅스에 대한 그림과 글을 분명히 보았다. 하지만 실제로 그 상황에 닥치자 아무것도 기억나지 않았다. 수유 주기는 지키지도 않았다. 원더윅스 이외에도 책으로 배운 육아와 현실 육아는 확연히 달랐다. 아이가 커갈수록 더 심해졌다. 밥은 한 장소에서만 먹게 해야 한다고 배웠지만 실제로는 쫓아다니며 먹이고 있었다. 훈육을 할 때 절대 화를 내지 말고 계속 설명해 주라고 했지만 나는 어느새 소리를 지르며 화를 내고 있었다. 아이가 울지 않을 때에는 그저 예뻤다. 그러다 아이가 울기 시작하면 나는 미칠 것만 같았다. 이래도 저래도 달래지지 않는 아이 때문에 내 정신은 가출을 해버렸다. "엄마가 행복해야 아이가 행복하다"라는 말도 생각나지 않았다. 아이가 울면 '왜 우는 거지?', '어디가 불편한가?', '더운가? 아픈가?', '원하는 것이 뭐지?'라며 별별 생각들을 했다. 게다가 '엄마는 내 자식 울음은 다 알아챈다는데 나는 왜 모르는 거지?', '엄마 자격이 없는 것일까?', '둔한 엄마라 미안해', '엄마가 잘못하고 있어서 미안해.'라며 자책까지 하고 있었다. 나는 힘든 육아 생활에 지쳐 갔고 육아 우울증을 겪었다. 이럴 때면 전혀 행복하다고 느껴지지 않았다. 나도 몰랐던 모습들을 발견하면서 다른 사람이 된 것 같아 낯설었다.

책으로 배운 육아는 참 쉬워 보였다. 아니, 쉽다기보다는 그래도 해결법이 제시되어 있어 쉬울 것 같았다. 하지만 생각보다 훨씬 더 어려웠다. 전부 다 내가 겪고 공부하며 나만의 방법으로 터득해야 했다. 미세한 차이가 있는 아이의 울음소리를 파악하기 위해 많은 노력을 했다. 아이와 많은 시간을 보내며 더 알아가야 했다. 여러 방법들을 시도하고 경험하면서 내 아이에게 맞는 방법을 찾는 방법뿐이었다.

출산 후 외출을 할 수 있게 되면서 어른들을 만날 때마다 빠지지 않고 물어보는 말이 있었다.

"아기 모유 먹이니? 분유 먹이니?"

"분유 먹어요"

"왜? 모유 안 나와? 모유 먹이는 게 좋은데…"

"네. 전 양이 많지 않네요."

나는 분유 수유를 한 엄마로서 이런 질문을 받을 때마다 많은 죄책감을 느꼈다. 마치 엄마가 편하자고 모유를 안 먹인다는 말로 들렸다. 그렇게 꼬아서 듣지 않아도 됐지만 그때의 나는 예민한 시기였기에 곱게 들리지 않았다. 사랑하는 아이를 가슴에 안고 모유 수유를 하는 모습은 당연하다. 세상에서 가장 아름다운 장면이라는 사실도 안다. 모유 수유가 아이와 산모에게 말할 필요 없이 좋다는 사실도 안다. 나는 대학교 전공도 식품영양학과를 졸업했기 때문에 더 자세하게 안다. 모유가 생성되기까지 어떤 호르몬이 작용하는지, 산모의 몸에서는 어떤 변화가 일어나는지 〈생애 주기 영양학〉 강의 시간에 아주 자세하게 배웠다.

　　모유 수유가 좋다는 사실은 산부인과, TV, 각종 매체에서도 강조하기에 누구나 쉽게 알 수 있다. 엄마가 된 후 첫 번째로 받게 되는 임무이지만 쉽지 않은 과정이다. 잘 빨지 못하고 잘 나오지 않는 모유를 주기 위해 고군분투해야 한다. 배운 대로 다리에 수유 쿠션을 올리고 가슴을 내어 주며 아이에게 젖을 물리는 자세는 굉장히 불편하다. 엉거주춤한 자세로 모유 수유를 하는 순간이 아름답게만 느껴지지는 않는다.

　　집으로 돌아와서도 어느 정도 시간이 지나 젖이 차오르면 슬쩍 방에 들어와 가슴을 드러내고 유축기로 유축을 했다. 유축하는 모습이 비춰진 거울을 보았다. 그 모습이 나는 너무 싫었다. 내 아이를 위해 최고의 영양분을 주는 행복한 일이지만 나는 그랬다.

　　모유의 양도 많지 않아 유축을 한 젖병을 들고 나가면 "그것밖에 안 나왔어?"라고 물어보는 친정엄마의 말도 좋게 받아들여지지 않았다.

모유 수유를 해야 한다는 사실이 굉장히 부담이 되었다. 축 처진 내 가슴을 보는데 속상하고 우울했다. 우울하고 스트레스를 받으니 모유는 더 나오지 않았다. 그래도 모유가 아이에게 가장 좋다니까 가능할 때까지는 모유 수유를 시도했다. 하지만 결국 나의 모유 수유 기간은 단유 과정도 없이 한 달도 안 되어 끝이 났다.

　나는 짧은 기간 동안 모유 수유를 하면서도 이러한 감정을 느꼈다. 나는 양이 적어 모유 수유를 할 수 없었지만 사회적인 이유로 할 수 없는 엄마들도 있다. 완모의 길을 선택한 엄마들 중 정말 기쁜 마음으로 수유를 하는 사람들도 있다. 반면 아이가 젖병을 거부하거나, 모유가 좋다고 하니까 힘들지만 어쩔 수 없이 이어 나가는 경우도 있다.

　그리고 엄마가 먹는 음식이 모유의 영양분이 되기 때문에 음식을 더욱 가려서 먹어야 한다. 매운 음식 같은 먹고 싶은 음식을 못 먹는 것도 스트레스가 될 수 있다. 몇 개월 동안 모유 수유를 하고 분유 수유로 바꾸려는 엄마들 중 아이가 젖병의 젖꼭지를 거부해 억지로 모유 수유를 이어 가는 엄마들도 있다. 외출을 할 때에는 젖병과 분유를 챙기지 않아도 돼서 짐은 가볍지만 수유실이 꼭 있어야 한다는 불편함도 있다. 모유의 양이 너무 많은 엄마는 자주 유축을 해야 해서 귀찮거나 힘들어하기도 한다. 모유 수유란 아이에게 영양분을 전달하는 과정이기도 하지만 엄마와 아이가 가장 가까이에서 교감하는 과정이기도 하다. 아이가 있는 힘을 다해 젖을 빨아 먹는 모습을 보며 엄마의 모성애는 커져 간다. 아기는 엄마에게 푹 안겨 익숙한 엄마의 심장 소리를 들으며 안정을 취한다. 이 과정들이 스트레스를 받는 일이라면 잠시 쉬고 마음을 가다듬는 것도 좋은 방법이다. 엄마가 행복한 마음을 가져야 제대로 교감할 수 있기 때문이다. 그렇지 않다면 내 아이에게 영양분은 줄지 몰라도 감정적으로 좋은 영향은 줄 수 없게 된다.

아이에게 모유가 최고라는 것은 반박할 수 없는 사실이다. 엄마가 아이에게 주는 최고의 선물이라고도 한다. 〈세계 보건 기구(WHO)〉에서 권고하는 사항이기도 하다. 모유 수유를 한 아이가 분유 수유를 한 아이보다 면역력이 더 좋다는 결과도 있다. 하지만 무엇이 되었든 선택은 엄마의 몫이다. 내 아이에게 나쁜 영향을 끼치고 싶은 엄마는 없기 때문에 엄마의 선택이 최선의 선택인 것이다. 그러므로 자신의 선택이 책과 다르다며 죄책감을 가지거나 미안해하지 않아도 된다.

남녀 관계에서도 책으로 배운 연애와 실제 연애에는 차이가 있다. 자신과 상대의 상황에 맞지 않는 연애의 비법을 사용한다면 100% 차이게 되어 있다. 책을 참고할 수는 있지만 모든 사람에게 다 똑같이 적용되는 정답은 아니다. 상대에게 눈을 맞추고 교감하는 시간이 있어야 커플이 될 수 있다. 자신의 감정을 솔직하게 표현함으로써 이루어지는 것이다. 커플이 되어서도 지속적으로 상대를 이해하려고 노력해야 한다. 그렇게 이루어진 커플이 결혼을 하고 부모가 되는 것이다. 우리가 부모가 되었듯이 말이다. 지금은 상대가 내 아이로 바뀌었다고 생각하면 된다. 다만, 어른이 아닌 아이이기 때문에 조금 더 인내심을 가지고 세심하게 바라봐야 한다. 연애할 때 가졌던 마음을 약간 변형하여 육아를 하면 된다. 아래 세 가지를 기억해 보자. 훨씬 나아질 것이다.

첫째, 내 감정에 솔직할 것.

둘째, 눈을 맞추고 교감할 것.

셋째, 책에 의존하지 말고 자신과 아이에게 맞는 육아를 할 것.

육아는 책으로 배울 수 없다. 많은 사례와 지식을 익힘으로써 현실 육아에 도움을 받을 수는 있지만 정답은 아니다. 그 누구도 완벽한 육아를 할 수는 없기에 책도 완벽할 수 없다. 수많은 육아책을 섭렵했다 하더라도 아이와 맞닥뜨리는 실전에 바로바로 적용하기란 쉽지 않다. 그래도 책으로 배운 육아와 현실 육아에서 기억해야 할 공통점은 있다. '엄마가 행복해야 아이도 행복하다.'는 사실이다. 아무리 어린아이라도 엄마의 마음이 기쁜지, 우울한지, 행복한지 다 느끼고 있다. 말을 하지 못할 뿐이다. 엄마의 감정이 아이의 감정이 된다는 것을 알아야 한다. 시간이 가면 갈수록, 알면 알수록 어려운 것이 육아이다. 엄마는 아이를 연구하는 연구가가 되어야 한다. 끊임없이 아이를 바라보고 관찰하여 알아 가야 한다.

화내지 않는 엄마가 되고 싶다고?

SNS를 하다 보면 수많은 출산 후기가 올라온다. 출산과 함께 엄마들은 아이를 낳았다는 사실에 감격하고 감사한다. 아이를 "세상에서 가장 소중한 선물"이라는 표현을 한다. "건강하게 태어나 줘서 고마워"라고 말한다. 그렇다. 건강하게 태어나 준 것만으로도 고맙고 감사하다. 그런데 선물이라는 감사한 마음은 얼마 가지 못하고 사라져 버린다. 아이가 커 갈수록 내 마음대로 되지 않는 아이의 행동에 화가 난다. '너만 보면 행복해. 누구보다 좋은 엄마가 되어 줄게.'라고 했던 다짐은 속이 부글부글 끓어오르며 사라진다. 라면을 너무 오래 끓여 온도를 못 견디고 넘쳐버린다. 마찬가지로 엄마도 화가 머리끝까지 차올라 터져 버리고 이상한 방향으로 흘러간다.

나는 육아를 시작하면서 내 성격을 다시 알았다. 그동안 주변 사람들에게 "항상 밝고 긍정적인 성격이라 화를 잘 내지 않는다."라는 평을 들어 왔었다. 그런데 항상 육아가 힘들다고 불평하고, 내 삶이 없어지고 있다며 우울해하기만 했다. 아이의 행동은 한 번에 고쳐지지 않는 것은 당연한 일이다. 한 번에 고쳐진다면 세상에 육아가 힘들다고 말하는 부모는 없을 것이다. 그 사실을 알면서도 내 마음같이 안 된다는 사실에 내 분을 못 이겨 화를 내고 있었다.

아이가 하루 종일 징징대며 짜증내던 시기가 있었다. 그때 당시 아이는 아직 말을 하지 못하는 시기였다. 아침에 눈을 뜨면 우유를 달라고 징징대며 울었다. 장난감을 가지고 놀고 싶으면 징징댔다. 장난감을 가지고 놀다가 마음대로 되지 않으면 장난감을 던지며 짜증을 냈다. 어린이집에서도 예외는 아니었다. 이 이야기를 어린이집 선생님께도 들어야 했다. 우리 아이가 유난히 짜증내는 소리를 많이 한다는 것이다. 무슨 일이든지 징징대고, 짜증내는 소리로 표현한 것이다. 다른 사람에게 우리 아이의 안 좋은 이야기를 듣다니! 엄청난 스트레스를 받게 되었다.

사랑하는 내 아이, 어린아이이지만 하루 종일 징징대는 소리를 들으면 엄마도 굉장히 피곤해진다. 같이 짜증이 밀려와 인상이 찡그려진다. 더 이상 징징대며 짜증내는 소리를 들어 줄 수 없는 지경에 이르렀다. 짜증내는 아이를 달래는 것이 아니라 "또 왜! 그만 좀 징징대!"라고 화를 냈다. 아이가 무엇을 원하는지, 왜 짜증을 내는 것인지 알아 주지 않았다. 그저 아이가 짜증을 낸다는 사실에 화가 났다. 아이는 점점 더 격하게 짜증을 냈다.

고개를 돌려 장난감으로 어질러진 집을 보니 화가 폭발했다. 이번엔 회사에서 열심히 일하는 남편에게 전화했다. 일하던 남편은 느닷없이 화풀이 대상이 되었다. "퇴근하고 오면 집 청소해야 돼! 나 힘들어 죽겠어!"라고 다짜고짜 큰소리로 말했다. 그래 놓고 밤에 잠든 아이를 보며 미안하다며 눈물을 흘렸다. 남편에게 미안하다고 사과했다.

누군가 나에게 주는 선물을 받을 때에는 정말 고마워한다. 설령 그 선물을 얼마 쓰지 못하고 고장이 난다 해도 선물을 준 사람에게 감사함을 잊지 않는다. 고맙다며 꼭 보답을 하곤 한다. 그런데 세상에서 가장 귀한 선물, 그것도 나와 사랑하는 사람이 만들어서 내게 온 선물에게 화를 낸다니? 이것은 엄마 본인에게 화를 내는 것이나 마찬가지다. 자신을 자책하고 꾸짖는 것이다.

그렇다면 내 아이가 손님이라고 생각해 보자. 똑같이 아이가 장난감을 던졌다면 "지후야, 장난감이 마음대로 잘 안 돼? 자, 그럼 우리 다시 해보자~ 이모가 도와줄게."라고 말한다. 실수로 물컵을 떨어뜨려 엎었다면 "컵 떨어뜨려서 놀랐지? 괜찮아. 이모가 닦을게. 다음엔 더 먹기 좋게 다른 컵에 담아줄게."라고 말한다. 손님이라고 생각하니 같은 실수를 해도 이해를 하고 넓은 마음으로 넘어간다. 게다가 아이가 무엇이 하고 싶은지, 왜 짜증을 내는 것인지를 먼저 파악하고 공감까지 해준다. 손님에게는 이렇게 다정하고 친절한 사람이 내 아이에게는 그렇게 무서운 소리로 화를 낸다는 사실은 정말 아이러니하다.

아이는 아직 감정 표현에 익숙지 않은 단계에 있다. 따라서 원하는 것을 표현하는 방법을 모른다. 말을 못하는 아이는 분명히 자신만의 방법으로 엄마에게 SOS를 청했을 것이다. 눈빛을 보냈다든가, 손짓을 했다든가. 그 방법에 엄마의 반응이 없자 아이가 할 수 있는 최고의 방법, 울음으로 표현하는 것이다. 징징대고 짜증내면 엄마가 곧바로 받아 주니까. 결국 모든 건 엄마가 만든 것이다. 징징대는 아이, 그 소리에 못 견디는 엄마. 엄마가 아이의 마음을 알아주지 않았기 때문에 일어난 일이다. 이 모든 상황이 엄마가 자초한 것이다.

엄마는 나름대로 이유가 있을 수 있다. 설거지를 하고 있거나 밥을 차리고 있어서 아이를 보지 못했을 수도 있다. 지저분한 집을 청소한다고 바삐 움직이다가 아이를 보지 못했을 수도 있다. 어쨌든 엄마는 엄마의 입장에서만 생각하여 아이의 마음을 알아주지 않은 것이다. 아이의 요청에 반응하지 않고 짜증에만 반응하니 화가 나는 것이다. 먼저 엄마는 자신이 어떻게 대응을 했는지 생각해 봐야 한다. 그다음 아이의 입장이 되어 왜 아이가 짜증을 내게 되었는지 곰곰이 생각해 봐야 한다.

육아를 하는 데 가장 중요한 핵심은 부모의 감정 조절이다. 엄마 자신의 감정을 파악하고 무엇을 원하는지 확실히 알아야 한다. 잘 조절할 줄 알아야 아이를 더 잘 키울 수 있다. 아이는 엄마와 가장 오랜 시간을 함께 지낸다. 모든 것을 엄마를 보고 배운다. 엄마가 화장실을 가는 모습을 보고 따라 하면서 기저귀를 떼고 팬티를 입는다. 포크질을 겨우 하던 아이는 엄마가 젓가락으로 밥을 먹는 모습을 보고 젓가락질을 시도한다. 엄마가 뛰면 아이도 뛴다.

마찬가지로 감정도 엄마를 통해 배운다. 엄마 배 속에 있을 때에는 탯줄로 연결되어 엄마의 감정을 다 느낄 수 있었다. 지금은 엄마 몸속에서 밖으로 나왔을 뿐이다. 탯줄은 없지만 아이는 얼굴을 보지 않아도 엄마의 심장 박동 소리, 속도, 냄새로 엄마를 찾아낼 수 있다. 엄마가 우울하면 아이도 우울하다. 엄마가 화가 나 있으면 아이도 그 감정을 느껴 위축되고, 자존감이 낮아지게 된다. 생각해 보면 당연하다. 엄마가 화가 난 상태로 아이를 안는데 표정이 좋을까? 화를 꾹꾹 눌러 가며 어금니 꽉 깨물고 얘기하게 되지 않을까? 아이는 당연히 불안하고 초조해진다. 폭력적인 성향으로 나타날 수도 있다.

그렇다면 화가 나는 순간을 어떻게 조절할 수 있을까? '화'라는 가면에 가려진 자신의 욕구를 먼저 파악해야 한다. 예를 들어 보겠다. 아이가 잠투정을 심하게 할 때에는 아이를 안고 어르고 달래다가 화를 냈다. 아이가 잠을 자기를 바라는 마음으로 재웠는데 마음처럼 되지 않아서 화가 났다. 여기에는 나도 빨리 자고 싶다는 욕구가 숨어 있다.

아이를 위해 밥을 하고 있는데 아이는 내 다리를 붙잡고 놀아 달라고 조르는 통에 빨리 할 수가 없을 때 화가 났다. 그 순간 나는 멀티플레이어가 되어야 했다. 내가 밥을 하는 동안 아이는 장난감을 가지고 놀아주면 좋겠는데 그렇지 않아서 화가 난 것이다. 아이는 엄마와 놀기를 바라는데 다른 것을 해야 한다는 욕구가 있었다. 아이가 장난감을 던질때, 던지면 안 되는 이유를 설명했다. 하지만 아이는 알아듣지 못했고다시 설명하다가 화를 냈다. 아이를 설득하고 싶다는 욕구가 있었다.

화는 기본적으로 내 마음대로 되지 않을 때 일어난다. 내가 원하는 것을 이루고 싶은데 그럴 수 없을 때, 즉 욕구가 충족되지 않았을 때 화가 나는 것이다. 결국 아이가 잘못된 행동을 해서 화가 나는 것이 아니라 엄마 스스로 만든 상황이다. 자신의 마음을 알아주지 못했기 때문에 나타난 일이다. 그것이 계속 되다 보면 결국 자신을 자책하고 엄마의 자격이 없다고 생각된다. 성숙한 성인의 모습을 가지지 못했다는 사실에 자존감이 낮아져 우울증까지 겪게 된다.

사실 화가 나는 순간에 자신의 마음을 다스린다는 것은 쉽지 않다. 자신을 돌아볼 수 있는 마음의 여유가 없기 때문이다. 하지만 이 또한 노력으로 극복할 수 있다. 화가 날 때 '내가 지금 왜 화가 나는 것일까? 내가 원하는 것은 무엇인가?'를 먼저 생각해 보자. 자신의 감정과 욕구를 파악한 후 생각해 보면 답이 나올 것이다. 아이에게 화를 내기 전에 아이를 설득하거나 화를 줄일 수 있는 다른 방법이 떠오를 것이다.

사람은 화가 나거나 스트레스를 받을 때 저마다의 해소하는 방법들이 있다. 어떤 사람들은 잠을 자기도 하고, 술을 마시기도 하고, 게임을 하기도 하고, 매운 음식을 먹는 것으로 풀기도 한다. 하지만 엄마들이 이러한 방법을 쓰기란 쉽지 않다. 화가 나는 즉시 해결할 수 없는 방법들이기 때문이다. 따라서 엄마 자신의 감정을 먼저 파악하고 솔직하게 답할 수 있어야 한다. 아이의 마음을 빨리 알아챌 수 있어야 한다. 감정을 알아주는 것만으로도 감정 조절이 가능하기 때문이다. 엄마와 아이의 감정에 예민한 엄마가 되도록 노력해야 한다.

아이는 가르치지 않아도 잘 자란다

지인 H의 SNS에서 너무나 부러운 사진과 글을 봤다. '잠깐 눕혀 놓고 설거지를 하고 왔는데 혼자 놀다가 자고 있었다.'라는 글과 장난감을 향해 기어가다가 잠든 모습의 아이 사진이었다. H의 아이는 '백일의 기적'을 선물해 준 아이였다. 정말 복 받았다. 반면 나는 잠투정이 심한 우리 아이를 재우느라 매일 고군분투했다. 안고, 업고, 유모차도 태우고, 드라이브도 하고 별짓을 다 해봤지만 우리 아이의 잠투정은 나아지지 않았다. 백일의 기적? 난 그런 거 모른다. 18개월까지 통잠을 못 잤으니 말이다.

밤마다 쉽게 잠이 들지 못하는 아이를 보면 안쓰럽기도 했다. 잠을 자는 것은 엄마가 대신 해 줄 수도 없는 일이기에 가르쳐 줄 수가 없었다. 어떻게든 쉽게 잘 수 있도록 환경을 조성하는 일뿐이었다. 수면 교육도 해보았지만 나의 수면 교육은 번번이 실패로 돌아갔다. 안 하느니만 못한 상태가 되어 있었다. 드디어 통잠을 자기 시작한 18개월 이후부터는 아이의 애착용품이 베개가 되더니 침대에 들어가 베개를 베고 있는 것을 좋아했다. 그때부터 나는 아이를 안고 재우지 않아도 되었다. 아이도 울면서 잠들지 않았다. 아이는 시간이 지나고 때가 되니 더 이상 잠투정에 힘들어하지 않게 되었다.

생각해 보면 아이는 아주 신생아 때부터 모든 걸 혼자 한다. 움직이지도 못하고 누워만 있던 아이가 뒤집기를 시작한다. 뒤집기조차 못해 젖 먹던 힘까지 힘을 내고 짜증을 내면서도 끊임없이 시도한다. 뒤집기를 성공하니 기기 위해 엉덩이를 들썩인다. 조금 기기 시작하니 걸음마를 시작한다. 넘어지고 주저앉고 수십 번의 실패를 거듭한다. 아이는 포기를 모른다. 지칠 줄도 모른다. 끝까지 걸음마 연습을 시도해 결국 걷기에 성공한다. 곧 뛰기까지 한다. 실패는 성공의 어머니이다. 자전거를 배울 때에도 넘어져 봐야 잘 탈 수 있다. 페달을 밟아 바퀴를 굴리는 것, 핸들을 잡고 방향을 바꾸는 법 모두 스스로 해야만 성공할 수 있는 것이다. 여러 번 넘어지고 다시 시도해서 수많은 연습 끝에 자전거 타기에 성공할 수 있다. 이 모든 과정은 아이 스스로 해야만 하며 끝까지 도전했기 때문에 이뤄낸 결과이다. 이것뿐 아니라 자라면서 보고 느끼는 모든 것이 새롭기 때문에 매일 시도하고 배우게 된다.

처음 접하는데 쉬운 것이 어디 있을까? 아이는 마음대로 되지 않을 때 종종 좌절과 분노를 느끼며 짜증을 내는 모습을 보인다. 그 과정에서 다양한 감정을 느끼고 '회복 탄력성'을 키우게 된다. 회복 탄력성이란 좌절과 실망을 경험하면서 자신의 감정 조절법과 다시 일어나는 법을 배우는 것이다. 왼쪽으로 기울어도, 오른쪽으로 기울어도 다시 웃으며 일어나는 오뚝이와 비슷하다. 살아가면서 실망, 좌절, 분노를 느끼지 않을 수는 없다. 이러한 감정도 느껴 봐야 극복하는 방법을 알게 된다.

감정이라는 것도 엄마가 가르쳐 줄 수가 없다. 보여 주고 도움만 줄 뿐이다. 아이가 어려워할 때 감정을 회복하도록 도와주면 되는 것이다. 아이가 넘어져도 오뚝이처럼 아무렇지 않게 일어나 다시 시도할 수 있도록 격려해 주는 것이 엄마의 역할이다. 아이가 다시 일어나 한 발짝, 한 발짝 앞으로 나아가 성공했다면 칭찬과 박수를 쳐줘야 한다. 성공하지 못했을지라도 과정을 보고 더 격하게 칭찬과 박수를 보내야 한다. 그러면 아이는 좌절하지 않고 성공할 수 있다는 믿음을 갖게 된다. 희열과 성취감을 느껴 자존감이 높아지게 된다. 자신의 길을 스스로 개척하고 나아갈 수 있다. 가르쳐 주지 않아도 알아서 한다. 그런데 부모의 마음은 실패 없는 조금 더 쉬운 길을 가기를 바란다. 아이가 좌절, 실망을 느끼거나 힘든 일은 겪지 않았으면 한다. 그래서 자신들이 생각한 길에서 벗어나면 억지로 데려다 놓는 경우도 많다.

부모가 닦아 준 앞날을 살아가는 아이가 성공한 인생을 살 수 있을까? 이렇게 해라, 저렇게 해라 가르쳐 주기만 하면 행복한 인생만 펼쳐질까? 그렇지 않다. 모든 앞날을 부모가 가르쳐 주고 탄탄하게 닦아 주면 좋겠지만 스스로 터득하지 못한 아이는 제대로 성장한 아이라 볼 수 없다. 주관과 자신감이 없는 아이가 된다. 자신의 노력으로 이룬 성취감을 느끼지도 못한다. 부모에게 더 의지하는 마마보이 또는 마마걸이 되고 만다. 애플의 창업자 스티브 잡스는 "우리는 수많은 실수를 한다. 그것이 바로 인생이다. 하지만 그것들은 새로워지고 창조적으로 변한다."라고 말했다. 공자는 "우리의 최대의 영광은 한 번도 실패하지 않는 것이 아니라, 실패할 때마다 일어서는 데 있다."라고 했다. 이미 아이는 뒤집기, 걷기를 시도할 때부터 많은 실패를 극복하고 일어섰다. 태어난 순간부터 많은 실수와 실패를 경험으로 삼고 더 나은 방향을 깨달으며 성장하고 있는 것이다. 더 강한 아이가 되고 더 강한 어른이 되는 것이다.

나는 가수 '비'를 참 좋아한다. '비'는 어려운 가정 환경에서 자랐다. 아픈 어머니가 계셨는데 그마저 원망의 대상이었다. 수능 전날에도 집에 들어가지 않을 정도였다. 이러한 환경 속에서 비의 탈출구는 춤이었다. 그리고 수능 시험 당일, 시험장에서 어머니가 주는 도시락을 받았다. 그 안에는 비가 좋아하는 어머니가 만든 엿과 쪽지가 들어 있었다고 한다. 수능 시험이 끝나고 집에 돌아갔을 때에는 어머니가 혼수 상태로 병원에 실려 갔다. 대학 입학 소식을 듣지 못한 채 숨을 거두었다.

춤이 유일한 탈출구였던 비는 18번이나 오디션에 떨어진 후 JYP에서 19번째로 오디션을 치렀다. 박진영은 비에게 춤을 춰 보라고 하며 노래를 틀었다. 노래는 꺼지지 않았고 5시간이나 춤을 췄다. 이번에도 떨어졌다고 생각하는 찰라 JYP에 합격했다는 소식을 들었다. 비는 연습생으로 들어갔다. 꼭 성공하겠다는 열정과 목표를 가지고 최선을 다해 연습했다. 3년 만에 비는 그룹으로 데뷔했지만 실패했다.

비는 좌절하지 않고 백업 댄서로 실력을 더 다졌다. 2002년에 드디어 솔로로 데뷔했다. 〈나쁜 남자〉라는 제목의 노래였지만 반응은 오지 않았다. 그런데 생각지도 않게 〈안녕이란 말 대신〉이라는 곡으로 유명해졌다. '비'는 최고의 가수로 인정받고 연기자, 할리우드 배우로도 활약을 하는 성공자가 되었다.

비가 성공할 수 있었던 이유는 무엇일까? 수많은 실패와 역경 속에서도 좌절하지 않고 될 때까지 도전했기 때문이다. 해내고 말겠다는 목표와 의지가 있었다. 자신감이 있었고 자신을 믿었기 때문에 가능했다. 모두 자존감이 높았기 때문이었다. 마찬가지로 엄마는 내 아이도 자존감이 높은 아이로 자랄 수 있도록 노력해야 한다. 자존감이 높은 아이가 자신의 목표를 정하고 이루기 위해 도전할 수 있다. 끝없는 노력으로 이루어 내는 힘도 자존감에서 나온다. 부모라면 누구나 바라는 내 아이의 모습일 것이다. 그렇다면 아이의 자존감을 높이는 방법은 무엇일까? 바로 엄마 자신부터 자존감을 높여야 한다. 자신을 존중하는 마음이 먼저이다. 매일 수십 번씩 말해도 쉽게 바뀌지 않는 아이의 행동에 대해 엄마도 회복 탄력성을 키워야 한다. 아이는 모든 것을 스펀지처럼 흡수하지만 빨리 잊어버리기도 한다. 컴퓨터를 껐다 켜면 모든 게 다시 시작되는 것처럼 아이도 자고 일어나면 다시 흡수해야 하는 것이다. 엄마는 어제 말한 것이 바뀌지 않았다고 해서 실망하지 말아야 한다. 엄마도 일어난 순간 '자, 다시 시작해 볼까?'라는 생각으로 하루를 맞이한다면 육아가 한결 편해질 것이다.

아이에게 엄마는 세상의 전부다. 없어서는 안 되는 절대적인 존재이기 때문에 넓은 마음으로 따뜻하게 아이를 안아 줘야 한다. "사랑해"라는 말로 표현해야 한다. 육아가 체력적으로 정신적으로 힘든 일이라는 것은 분명하다. 하지만 엄마의 마음먹기에 달렸다. 엄마가 된 이상 어차피 해야 하는 일, '좋은 게 좋은 거다.'라고 생각하면 되는 것이다. 내 아이에게 하나라도 더 가르치고 싶은 마음은 충분히 이해한다. 하지만 아이는 가르치는 것이 아니다. 엄마의 사랑, 믿음, 감정을 마음껏 보여 주기만 하면 아이는 알아서 잘 자란다. 환경을 만들어 주고 도와주는 것, 함께 시간을 보내는 것, 함께 노는 것, 자존감을 높여 주는 것이 엄마가 할 일이다.

육아의 키워드는 감정과 공감이다

육아를 하다 보면 내 아이지만 욕이 나온다는 시기가 있다. 마의 18개월. 이 시기의 아이는 '자아'가 생긴다. 무엇이든 혼자 해보려고 한다. 도와주려고 하면 혼자 하겠다고 고집을 부린다. 혼자 하다가 잘 안 되면 짜증을 낸다. 떼를 쓰며 반항하는 순간이 많아진다. 원하는 것을 얻기 위해 통할 때까지 떼를 쓰기도 한다. 이 시기는 엄마의 태도가 정말 중요하다. 떼를 쓴다고 무조건 받아줘서는 안 된다. 무조건 무시하고 혼내서도 안 된다. 그럼 도대체 어떻게 해야 하냐고? 상황에 따라 다르다. 나 역시 굉장히 힘들었던 순간이다.

어린이집에서 하원한 아이와 가까운 마트를 다녀오는 길이었다. 한 손엔 아이 어린이집 가방과 장을 본 식재료를 들고 있었다. 한 손은 아이 손을 잡고 인도를 걸어가고 있었다. 평소 장난감 자동차를 좋아하는 아들은 갑자기 내 손을 뿌리치고 차가 쌩쌩 달리는 찻길쪽으로 달려갔다. 실제 자동차를 더 가까이서 보고 싶었던 것이다. 나는 너무 놀라 "안 돼!"라고 소리치며 뛰어가서 잡았다.

아이는 자동차를 보겠다고 그대로 길가에 누워 데굴데굴 구르며 떼를 쓰기 시작했다. 지나가던 사람들은 다 쳐다보았고 "이놈!" 하고 한마디씩 하고 가는 사람들도 있었다. 바로 아이를 안고 그 상황을 벗어나고 싶었다. 하지만 그때 아이의 몸무게는 13kg으로 장을 본 짐을 들고 아이를 안기가 버거운 상황이었다. 결국 길 가던 아주머니의 도움으로 아이를 일으켜 달래고 집으로 돌아온 적이 있다.

생각만 해도 아찔한 순간이다. 이런 순간은 당연히 통제를 해야 하는 상황이다. 아이의 요구를 들어줄 수도 없고 설득도 되지 않으니 미쳐버릴 것만 같은 상황이었다. 이 외에도 원하는 대로 되지 않았을 때 길에서 드러누워 떼를 쓴 적이 자주 있었다. 내 말을 들어주지 않는 아이 때문에 길에서 주저앉아 운 적도 많다. 가끔 마트에 갔을 때 장난감을 사 달라고 소리를 지르고 떼쓰는 아이를 본 적이 있다. 남의 일이 아닐 수도 있다고 생각은 했지만 실제로 나에게 일어나니 정말 난감했다. 무조건 드러눕고 보는 아이의 버릇을 고치기 위해 설득을 해보기도 하고, 혼내 보기도 하고, 벌을 주기도 하며 나름대로 노력을 했다. 하지만 쉽게 고쳐지지 않았다. 그 어떤 방법도 통하지 않았다.

육아를 하다 보면 훈육을 해야만 하는 시기가 온다. 아이가 원한다면 모든 것을 다 해주고 싶은 것이 엄마 마음이지만 안 되는 것은 제대로 가르치는 방법을 알아야 한다. 훈육이란 가르칠 훈(訓), 기를 육(育)의 두 가지 뜻의 한자가 더해진 말이다. 어린아이를 가르치고 기른다는 뜻이다. 보통 야단치기, 벌주기로 생각하지만 절대로 그렇지 않다. 혼을 내거나 벌을 주는 것은 근본적인 해결책이 되지 않는다. 설명 없이 혼나거나 벌을 받는 순간은, 단지 그 순간을 벗어나기 위해 잘못했다고 말하기 때문이다.

아이의 버릇을 고치기 위해 공부를 하고자 여러 육아 강연을 찾아 수강하였다. 보통 단체로 진행되는 강연이라 나에게만 맞는 해답을 얻기가 어려웠다. 구에서 운영하는 〈육아종합지원센터〉를 방문해 1:1 상담을 받았다. 비로소 나는 내 육아의 문제점을 알았다. 많은 강연과 상담에서 공통적으로 강조하는 것을 하지 않고 있었다. 그것은 바로 '감정 읽기'와 '공감'이었다. 나는 아이의 감정에 굉장히 둔한 엄마였다. 내 감정을 조절하지 못했다. 아이를 제대로 보지 않았다. 그리고 가장 중요한 것인 공감을 하지 못하고 있었다.

나는 아이의 감정을 제대로 읽지도 못하고 내 감정만을 생각했다. 아이가 왜 떼를 쓰기 시작했는지를 생각하지 못했다. 그저 떼를 쓰는 그 상황에 화가 났던 것이다. 아이는 소리를 지르고 울고 불며 떼를 쓰더라도 엄마가 감정을 읽고 공감을 해주면 떼쓰기를 멈춘다. 먼저 아이와 눈높이를 맞춰야 한다. 그리고 눈을 바라보고 양팔을 벌려 보자. 아이는 울면서도 엄마에게 안길 것이다. 이때부터 감정을 읽고 공감을 해준다. 여전히 울고 있는 아이에게 "지후야, 자동차를 가까이에서 보고 싶었어?" 하고 물으면 울음을 그치고 대답을 한다.

　대답을 했다면 엄마는 아이의 감정을 제대로 읽은 것이다. 그다음엔 "그랬구나, 지후가 자동차를 가까이에서 보고 싶었구나. 엄마도 지후랑 같이 보고 싶었어. 그런데 지후야, 지금 큰 자동차가 빨리 지나가고 있지? 이 자동차는 장난감 자동차랑은 달라서 가까이에서 보면 지후가 다칠지도 몰라. 우리 지금은 조금 멀리 떨어져서 보자. 그리고 이번 주말에 자동차 박물관으로 더 많은 자동차를 보러 가자."라고 이야기해 주자. 그럼 공감을 해준 엄마의 말에 아이의 마음은 싹 풀려 어느새 웃으며 엄마 손을 잡고 집으로 돌아갈 것이다.

　물론 한 번 만에 통하지 않는다. 아이의 행동이 한 번에 고쳐진다면 그 아이는 마음의 상처를 많이 입은 것이다. 육아가 힘들 이유도 없다. 그러므로 인내심을 가지고 여러 번 반복하는 것이 중요하다. 울음을 쉽게 그치지 않는 아이라도 자신의 마음을 어루만져 주면 울음을 그친다. 엄마에게 안기게 되어 있다. 공감하는 어투는 "~ 하고 싶었어?", "그랬구나. ~ 하고 싶었구나."이다. 이 어투를 사용해서 얘기해 보자. 말을 알아들었는 데도 안 통한다면 이제는 확실히 무시해야 한다. 아이는 이해했음에도 고집을 부리는 것이다. 절대로 중간에 아이의 말을 들어주면 안 된다. 몇 시간을 울어도 안 된다. 엄마가 더 이상 관심을 가져주지 않으면 아이는 이제는 정말 안 된다는 것을 알게 된다. 아이가 울음을 그치고 일어나면 사랑을 담아 꽉 안아 주자. 엄마 마음을 알아 줘서 고맙다고 표현하자.

감정을 읽고 공감하는 법을 배워 적용한 후부터는 아이가 짜증을 내거나 드러누워 떼 쓰는 일이 점차 줄어들었다. 아이는 원하는 것이 있으면 손가락으로 가리키거나 내 손을 잡고 데려가기 시작했다. 이럴 땐 즉각 반응해 줘야 한다. 물개처럼 박수를 치며 폭풍 칭찬을 해줘야 한다. 칭찬을 받아 기분이 좋은 아이는 더 적절한 표현 방법으로 자신이 원하는 것을 표현하게 된다. 나도 떼쓰는 아이 때문에 난감하지 않아도 되고 힘들게 육아를 하지 않아도 되었다. 주의할 점은 아이의 행동이 고쳐졌다고 방심해서는 안 된다는 것이다. 방법을 알았으니 계속 이어가야만 한다. 조금 나아졌다고 공감을 덜 하면 떼 쓰는 행동은 다시 나타난다.

아이와 놀이를 하는 순간에도 마찬가지이다. 공감을 한다는 것은 언제나 필요한 기술이다. 즐겁게 노는 아이의 기분을 읽으며 놀아야 한다. 아이와 함께 시간을 보낼 때에는 아이에게만 집중해야 한다. 그래야 아이의 감정을 재빨리 읽을 수 있다. 언제나 사랑을 담은 눈으로 아이와 눈을 맞춰야 한다. 아이는 엄마의 사랑을 느끼고 자신의 마음을 알아주면 행복한 웃음을 보여 준다. 그 웃음을 보였을 때 더 행복해지는 쪽은 엄마다. 엄마의 노력이 행복이라는 보상으로 돌아오는 것이다. 떼를 쓸 때에는 아이도 저마다 나름대로의 이유가 있다. 엄마는 어른이기에 입장을 바꿔서 생각해 봐야 한다.

감정 읽기와 공감은 아이와 엄마뿐 아니라 누구에게나 필요한 기술이다. 부부 사이, 남녀 관계, 친구 사이, 부모 사이 등 모든 인간관계에 있어서 기본이 되는 요소이다. 상대방과 대화를 할 때 한쪽이 공감을 하지 못한다면 그 대화는 이어질 수 없다. 그 관계를 오래갈 수 없다. 하지만 서로의 감정을 읽고 공감을 잘해 준다면 너무나 잘 맞는 사이가 된다. 그 사람과 대화하는 시간이 즐거워진다. 계속 대화하고 싶고 만나고 싶게 된다. 우리는 그렇게 친구를 만났고 남편을 만났다.

항상 아이의 감정을 읽기 위해 노력해야 한다. 우리 아이가 무엇을 원하는지, 어떤 행동을 하는지 읽는 연습을 해야 한다. 엄마의 감정을 아이가 알아주기를 바라며 화를 내서는 안 된다. 쉽지 않겠지만 내 감정을 토닥여서 마음의 여유를 가지기 위해 노력해야 한다. 매일 육아가 힘들지만 오늘도 즐겁게 넘어갈 수 있음을 감사해야 한다. 우리 아이가 아프지 않은 것을 감사해야 한다. 오늘도 웃는 얼굴을 보여 줘서 감사해야 한다. 감사는 더 큰 감사함을 불러온다. 감사하는 마음을 가지면 작은 일에도 감사하게 되고 자신의 마음을 다스리기도 쉬워진다.

세계적으로 유명한 오프라 윈프리는 "세상에서 부모가 되는 일보다 더 중요한 직업은 없다."라고 말했다. 부모는 쉽게 되지 않는다. 엄마는 아무나 할 수 있는 일이 아니다. 내 속으로 낳은 자식이지만 내 아이의 마음을 알 수가 없다. 그렇기 때문에 육아도 공부를 해야 한다. 내 아이의 마음을 더 잘 알 수 있도록 공부해야 한다. 감정읽기와 공감이 전부라고 해도 과언이 아니다. 더 행복한 육아를 할 수 있는 방법을 끊임없이 찾아야 한다. 매일 밤, 천사처럼 예쁘게 잠든 아이를 보면서 "엄마가 아직 부족해서 미안해."라고 말하며 후회하는 것이 아니라 "오늘도 엄마랑 행복한 하루였지? 내일도 행복한 하루 보내자"라고 말할 수 있도록 노력해야 한다.

05

육아, 하려 하지 말고 있는 그대로 사랑해라

　한때 나는 육아가 힘들기만 한 적이 있었다. 아침에 눈을 떴을 때 아이를 보면 '아 오늘 또 시작이구나.' 라며 한숨을 먼저 쉬던 때가 있었다. 해맑게 웃으며 뛰어다니는 우리 아이를 보면 한숨이 푹푹 나왔다. 우리 아이는 신체 활동이 아주 활발하다. 조리원 동기 모임이나 친구들을 만나면 같은 아기 엄마지만 우리 아이를 보면 한마디씩 한다. "와, 지후 엄마는 살이 찔래야 찔 수가 없겠다. 어쩜 이렇게 에너지가 넘쳐?"라고 말이다.

　집에서 에어컨을 풀가동을 해도 우리 아이 에너지를 이길 순 없다. 머리에서는 땀이 장대비가 오듯이 줄줄 흘러내린다. 그래도 좋단다. 깔깔거리며 해맑게 뛰어온다. 밥을 먹으라고 하면 밥을 잘 먹지 않는다. 너무 뛰어다녀서 정신이 없어서 그만 뛰라고 했다. 전혀 통하지 않

　　　　　　　　　　　　　　PART 2　육아에 정답은 없다

았다. 장난감을 여기저기 꺼내어 놓았다. 두루마리 휴지를 다 풀어 놓고 재미있어 했다. 나는 "모두 그만해"라고 하고 있었다. 말을 듣지 않는 아이에게 화를 냈다. 하루 24시간 힘들지 않은 날이 없었다. 가끔 친정엄마께 며칠간 부탁드리고 싶었지만 힘들까 봐 죄송해서 부탁하지 않았다.

지난겨울 남편이 몸이 안 좋아 병원에 일주일간 입원한 적이 있다. 어쩔 수 없이 친정집에 아이를 부탁했다. 나는 그동안 아이를 부탁드려 본 적이 없기에 많이 걱정되었다. 병원에서는 남편을 간호하면서도 엄마가 걱정되었다. 드디어 남편이 퇴원하고 엄마가 아이를 데려오셨다. 우리 엄마는 하나도 힘들지 않았다고 하셨다. 말도 너무 잘 들었고 잠도 잘 잤다고 하셨다. 나는 그냥 딸이 걱정할까 봐 둘러대는 말이라고 생각하고 넘어갔다.

얼마 후, 지인 H와 함께 잠시 볼일이 있었다. 아이를 데려갈 수가 없는 곳이라 걱정했는데 마침 H의 남편이 쉬는 날이었다. H의 아이와 우리 아이를 부탁했다. 나는 H의 남편에게 죄송하다며 힘들게 하면 바로 연락 달라고 했다. 밥도 잘 안 먹는 편인데 먹지 않고 버티면 그냥 주지 말라고 했다. 온갖 걱정을 하며 H와 함께 볼일을 보고 돌아왔다. H의 남편은 "지후 하나도 안 힘든데요? 너무 말도 잘 듣고 밥도 잘 먹었어요. 오히려 우리 아들이 말을 안 들었어요."라고 말했다. 생각해 보니 어린이집 선생님께도 들었던 말들이다.

우리 아이는 나와 있을 때에는 흥분을 가라앉히지 못하고 쉴 새 없이 뛰어다녔다. 밥도 잘 먹지 않아 스트레스였다. 잠 재우는 일이 가장 힘들었고 그러다 지쳐 내가 먼저 잠드는 일이 수도 없이 많았다. 나는 '지후가 이중인격자인가?'라고까지 생각했다.

아이들은 어린이집을 가면서 사회생활을 시작한다. 집이 아닌 다른 곳을 가면 집에서와 다르게 행동하는 아이들이 있다. 활발했던 아이가 얌전해진다든가 얌전했던 아이가 활발해지는 경우가 있다. 엄마들은 자신이 보지 못했던 모습이라 믿기 어려워한다. 아이는 왜 엄마한테 하는 행동과 다르게 행동하는 것일까? 답은 간단하다. 아이를 객관적으로 바라보지 못했기 때문이다. 아이가 하고 싶은 것을 못하게 하고 대안 없이 지시만 했기 때문이었다. 엄마의 관점을 바꿔 내 아이가 아니라 남의 아이라고 생각해 보는 것이 필요하다.

친정엄마는 아이에게 무한 사랑을 주었다. 우리 아이가 최고라고 해주었고 밥을 한 숟가락만 먹어도 엄청 잘 먹는다며 뽀뽀를 하며 칭찬해주었다. H의 남편은 아이에게 최대한 부드럽게 말했다. 자신의 아이가 아니라서 더 조심한 것이다. TV를 그만 봐야 하면 더 부드럽고 편한 목소리로 설득했다. TV 대신 다른 재미있는 놀이를 하자며 설득했다.

나는 매우 크게 반성하였다. 친정엄마처럼 무한 사랑을 주지 못했다. 밥을 먹다 흘리면 닦기 바빴다. 밥을 한 숟갈 먹으면 아직 삼키지도 않았는데 또 퍼서 입에 갖다 대었다. 뛰는 것이 좋은 아이를 뛰지 못하게 했다. H의 남편처럼 다른 대안을 주었어야 하는데 그러지 않고 무조건 뛰지 못하게 했다. 설득하고자 말을 더 편안하고 부드럽게 하지 못했다. 명령하는 식의 어투였다. 그러니 아이는 무조건 통제하는 엄마의 말을 듣지 않았던 것이다.

그때부터 나는 나의 생각과 행동을 바꾸었다. 아이가 뛰는 것을 좋아하니 시간이 나면 데리고 나가서 실컷 뛰어놀게 했다. 엄마가 좋다고 달려오면 두 팔을 벌려 환영했다. 밥을 먹지 않으면 아이가 좋아하는 주먹밥을 만들어 주었다. 너무 뛰어 놀아서 조금 진정이 필요해 보이면 아이가 좋아하는 블록 놀이를 가져와서 놀게 했다. 우리 아이는 신나게 뛰어놀다가도 블록 놀이를 하면 가만히 앉아서 엄청나게 집중하며 놀았다.

그 과정에서 나는 우리 아이의 장점을 발견했다. 에너지 넘치는 모습을 보며 열정이 가득한 아이라는 것을 알았다. 블록 놀이를 하는 아이를 보면서 어느 하나에 몰입하는 집중력을 보았다. 우리 아이를 고치려고 하는 것이 아니라 보는 시선을 바꾸니 단점이 아니라 장점을 보게 되었다. 객관적으로 보고 더 정확하게 알고 더 사랑하게 되었다. 내 아이를 있는 그대로 보게 되었다.

한 엄마가 "우리 아이는 아들인 데도 좀 소심해요. 놀이터를 데리고 가도 친구들과 뛰어놀지 않고 앉아서 놀기를 좋아해요. 너무 남자답지 않은 것 같아 속상해요."라며 말했다. 나는 이 말을 듣고 조금 놀랐다. 아들은 무조건 남자다워야 하고 외향적이어야만 하는 것일까? 그럼 딸은 얌전히 앉아서 소꿉놀이만 해야 하는 것일까? 남자 같은 여자들도 많은데? 화끈하고 쿨한 성격의 여자들도 많은데?

대부분의 아들은 딸보다 조금은 더 짓궂은 경향이 많기는 하다. 하지만 외향적, 내향적이라는 기준은 그 아이의 성향일 뿐이지 잘못된 것이 아니다. 그 엄마는 '아들은 외향적이어야 한다.'라는 자신만의 기준을 가지고 아이를 바라본 것이다. 외향적인 아이들은 외부 활동을 함으로써 에너지를 얻는다. 외향적인 아이들은 오히려 "책 읽어라.", "피곤하니까 누워서 쉬자."라고 하면 못 견뎌 한다. 누워서 쉬는 일이 에너지를 빼앗기는 일이다. 내향적인 아이들은 움직이는 것보다 조용한 곳에서 생각하면서 작은 것에서도 에너지를 얻는다. 생각이 더 깊고 상대의 말을 잘 들어 주는 경향을 가지고 있다.

'외유내강'이라는 말이 있다. '겉에서 보기에는 부드러우나 내면은 강하고 단단하다'라는 뜻이다. 내향적인 성격의 사람을 잘 표현하는 말이다. 성공한 사람들 중에도 내향적인 성향인 사람이 많다. '투자의 귀재'라 불리는 세계 최고의 투자 경영자, 워렌 버핏은 내향적인 성향의 사람이다. 꼼꼼하고 섬세한 내향적인 성격이 그를 최고의 투자 경영가로 만들었다. 그는 100권이 넘는 경제 서적을 방에 틀어 박혀 읽었다. 그 과정에서 투자에 관한 준비를 마쳤다. 책을 통해 얻은 관찰력과 집중력으로 그는 최고의 투자 전문가가 될 수 있었다.

아이의 성향은 엄마가 마음대로 바꿀 수 있는 것이 아니다. 억지로 바꾸려고 하면 아이도 엄마도 스트레스를 받는다. 아이는 불안감을 느끼고 위축된다. 자존감을 잃은 아이는 결국 엄마 때문에 망친 인생을 살게 된다. 엄마라면 누구나 내 아이가 이런 삶을 살기를 바라지 않는다. 외향적이든, 내향적이든 있는 그대로 바라보고 그 안에서 장점을 발견해 키워 주면 된다.

아이는 엄마와 있을 때 가장 편안함을 느낀다. 엄마는 자신의 그 어떤 모습도 다 받아 주고 사랑해 주는 존재이다. 그런 존재인 엄마가 내 아이를 남과 비교하며 바꾸려고 한다는 것은 말도 안 되는 행동이다. 미국의 대통령 버락 오바마, 세계적인 영화감독 스티븐 스필버그, 빙판 위의 여왕 김연아의 성공 뒤에는 엄마가 있다. 아이를 있는 그대로 보고 그 안에서 장점을 찾았다. 만약 김연아의 엄마가 스케이트만 타는 김연아에게 공부를 하라며 스케이트를 못 타게 했다면 어땠을까? 엄청난 성공을 거두기는커녕 행복한 아이의 미래를 망쳐버렸을 것이다.

사람들은 가까운 사이일수록 소홀히 하는 경우가 있다. 그래서 더 많이 부딪친다. 또 자신의 생각을 알아주기만을 바란다. 가깝지 않은 사이일수록 '아, 저 사람 성격은 이렇구나.'라며 받아들이고 부딪치지 않으려고 주의한다. 그 사람을 마음대로 조종하려는 생각도 하지 않는다. 마찬가지로 내 아이를 바라보는 관점을 바꾸어야 한다. 아이는 엄마의 인형이나 장난감이 아니다. 내 몸과 마음을 다해 낳았지만 나의 소유물이 아니라는 것이다. 아이는 엄마의 바람을 들어주는 램프의 요정 지니가 아니다. 아이도 하나의 인격체로서 있는 그대로를 사랑해야 한다. 엄마도 꾸밈없는 모습, 있는 그대로의 모습을 봐주기를 바라는 것처럼 말이다.

06

아이마다 배움과 성장의 속도가 다르다

맘카페에서 하나의 글을 보았다. 내용은 9개월이 된 아이가 이가 2개만 나서 너무 느린 것 같다고 걱정하는 내용의 글이었다. 대부분 댓글은 "부럽네요. 이는 천천히 나는 것이 좋아요."라는 내용이 많이 달렸다. 이 외에도 "아기가 13개월인데 아직 못 걸어요." 등 수많은 걱정이 담긴 글을 많이 보았다.

우리나라 엄마들은 참 걱정이 많다. 내가 보기엔 안 해도 될 걱정이다. 다른 아이들보다 조금만 성장이 느리면 뒤떨어진다고 생각한다. 아이가 너무 빨리 자라 아쉽다면서 다른 아이보다 조금만 느린 것 같으면 걱정을 한다. 아이들마다 발육 속도에는 약간씩 차이가 있다. 어린 아이일 때는 1개월, 2개월 차이가 크게 느껴지지만 점차 그 차이는 줄어든다. 오히려 역전되는 경우도 많다. 아이들은 어느 순간 훅 성장했다가 정체기가 오기도 한다. 또 어떤 면에서 성장이 빠르면 다른 면에서는 성장이 느리게 나타나기도 한다.

　우리 아이도 이가 늦게 난 편이다. 돌 때 이미 8개 이상 치아가 난 아이들이 있는가 하면 우리 아이는 윗니 두 개, 아랫니 두 개 네 개뿐이었다. 보통 걸음마는 돌쯤부터 시작해 완전히 걷기 시작한다. 하지만 우리 아이는 10개월부터 걸음마를 시작했다. 더 빠른 아이들은 8개월 만에 시작하는 아이들도 있지만 우리 아이도 빠른 편이었다. 돌잔치 당일에는 너무나 잘 걸어서 한시도 가만히 있지 않았다. 돌 스냅 사진을 찍기가 굉장히 힘들었던 기억이 있다.

　곧 뛰어다니기 시작한 우리 아이는 신체적 발달 면으로는 월등히 빨랐다. 같은 개월 수의 아이 엄마들도 놀랄 정도였다. 하지만 언어 발달이 많이 느렸다. 보통 24개월이면 어느 정도 단어를 말하며 엄마에게 의사 전달을 할 수 있다. 곧 대화가 가능하게 된다. 하지만 우리 아들은 30개월이 되어서야 대화를 할 수 있게 되었다.

　2016년 10월 16일, KBS 〈슈퍼맨이 돌아왔다〉에서 로희의 발달이 우리 아이와 비슷했다. 로희는 17개월이었지만 자신의 키보다 높은 테이블 위에 있는 과자를 먹기 위해 계단을 만들었다. 끈을 당겨야 열리는 상자도 열어 놀라게 했다. 신체 발달은 30개월 정도로 아주 빨랐다. 그런데 언어 표현력은 14~15개월 수준으로 약 3개월 정도 느리다는 결과를 통보받았다.

로희 아빠 기태영은 육아 고수로 소문난 아빠이다. 로희를 사랑하는 마음에 로희가 원하는 것을 말로 하기 전에 다 해주고 있었다. 즉, 로희는 말을 할 필요가 없었기에 언어 발달이 느렸던 것이다. 로희 아빠 기태영의 조급한 마음이 아이의 언어 자극을 줄어들게 했다. 언어 발달도 늦어지게 했다. 로희 아빠 기태영은 자신의 육아법을 바꾸기로 다짐하였다.

나는 로희가 나왔던 방송을 생각하며 로희 아빠 기태영처럼 나의 육아법을 돌아봤다. 나는 아이가 말을 할 수 있도록 유도했어야 했다. 하지만 나는 그러지 않았다. 아이가 밥을 먹다가 목이 마를 것 같으면 먼저 "물 줄까?" 하고 묻고 물을 꺼내 주었다. 원하는 것을 말로 해주길 바라면서 아이가 말하기도 전에 알아챘다. 눈빛으로 신호만 보내도 습관적으로 나는 원하는 것을 해주었다. 아이는 말할 필요가 없던 것이다.

나는 육아법을 바꾸었다. 목이 말라 보이면 아이에게 "지후야, 목 마르면 엄마한테 얘기해. 물 꺼내 줄게."라고 이야기하고 찾을 때까지 꺼내주지 않았다. 그러자 먹고 싶을 때 아이는 얘기하기 시작했다. 말로 표현하면 나는 즉각 반응했다. 아이는 점점 원하는 것을 말로 표현하는 것이 늘어났다. 입을 꾹 다물고 지내던 아이가 수다쟁이가 되었다.

결국 아이가 말이 늦는 이유는 과잉보호 때문이었다. 내 아이가 잘못했음에도 감싸는 것만이 과잉보호가 아니다. 아이에게 감정을 표현할 기회를 막아 버리는 것도 과잉보호이다. 사랑이라는 이름으로 아이의 발전을 막은 것이다. 아이가 스스로 결정하고 실행할 수 있도록 환경을 제공하고 기다려 주기만 하면 된다. 조급함을 버리고 느긋함, 여유를 가져야 한다. 의사 표현을 하지 못하는 아이는 자신의 감정을 표현할 줄 모른다. 감정을 제대로 표현할 줄 모르는 아이는 사회성도 부족하게 된다.

사회성은 인간이 상호 작용을 하면서 살아가는 데 아주 중요한 요소이다. 앞으로 해야 할 학교생활, 사회생활을 원활하게 할 수 있는 원동력이기 때문이다. 사회성 발달을 위해서는 엄마뿐 아니라 아빠까지, 가족 구성원 모두가 참여해야 한다. 집단생활에 잘 적응할 수 있도록 아이와 함께 시간을 보내야 한다. 육아 프로그램을 보면 아이에게 심부름을 시키는 장면이 많이 나온다. 집안에서 장난감을 가져오라고 하거나 컵에 물을 따라 달라고 부탁하는 등 사소한 일이다. 사소하지만 아이는 부모와 상호 작용 하는 법을 배우며 사회성이 발달한다.

엄마의 부탁을 받은 아이는 그대로 행한다. 엄마는 아이에게 고맙다는 말과 함께 칭찬을 한다. 아이는 자신이 도움을 주는 주체가 되었다는 사실에 성취감을 느낀다. 성공의 기쁨을 느낀 아이는 더 큰 성공의 기쁨을 위해 또 다른 일을 시도한다. 동시에 다른 사람을 배려하는 마음을 가질 수 있다.

아이들은 놀면서 배운다. 모든 순간에서 배울 수 있고 깨달음을 얻는다. 부모는 그 모든 순간을 어떻게 활용하면 아이가 부담스럽지 않게 받아들일 수 있는지 고민해야 한다. 언어 발달, 사회성 발달을 위해서는 책을 읽어 주기보다는 일상생활에서 교감하는 편이 좋다. 청소나 빨래 개기는 같이 하는 것도 좋다. 엄마를 따라 행동하는 아이에게 질문, 칭찬, 설명을 하게 되면서 자연스럽게 대화할 기회가 생긴다. 아이와 눈을 맞출 수 있는 기회도 많아진다.

　아이가 이제 막 말을 하기 시작하면 발음이 확실하지 않다. 틀린 표현을 쓰기도 한다. 그럴 때 엄마들은 바로 말을 고쳐 주는 모습을 종종 볼 수 있다. 이제 막 말을 하기 시작한 아이에게 바로 고쳐 주는 행동을 하는 것은 좋지 않다. 아이가 말을 하자마자 바로 발음을 고쳐 준다면 아이는 지적을 받았다는 사실에 자신감을 잃게 된다. 잘못 말할까 봐 두려워 말하기를 꺼리게 된다. 일단 아이가 말을 하기 시작했다면 무엇이든 마음껏 표현할 수 있는 상황을 만들어 줘야 한다. 영화배우처럼 리액션도 크게 해줘야 한다.

　'칭찬은 고래를 춤추게 한다.'라는 말이 있다. 이제 막 말을 배우는 아이가 발음이 완전하지 않은 것은 당연한 일이다. 시도했다는 사실만으로 감사하며 온 마음을 다해 칭찬해 줘야 한다. 용기를 북돋우며 응원을 해줘야 한다. 칭찬받은 아이는 자신감이 생긴다. 자신감은 대단한 것에서 생기는 것이 아니다. 사소한 놀이에서도 키워 줄 수 있다. 자신감을 가지고 지속적으로 표현할 수 있도록 자연스럽게 유도해야 한다. 지속적으로 눈을 맞추고 아이에게 공감을 하며 이야기를 나눠야 한다.

　엄마는 내 아이가 특별하고 우월한 존재이길 바란다. 따라서 내 아이가 또래 아이들보다 성장이 늦거나 배움이 늦다는 사실을 알면 속상하다. 하지만 속상해할 필요가 없다. 모두 엄마의 노력으로 변화될 수 있기 때문이다. 왜 내 아이가 발달이 늦는 것인지 원인을 생각하면 된다. 나의 양육 방식이 어떤지를 생각해 보면 답은 쉽게 나온다. 엄마가 아이를 믿었는지, 항상 긍정적인 표현을 했는지, 다른 아이와 비교를 하지는 않았는지, 엄마 마음이 조급해서 아이를 다그치지는 않았는지 생각해 보는 것이다.

　엄마는 항상 긍정 마인드를 가져야 한다. 엄마의 마음을 긍정으로 다스려 아이의 장점을 발견하고 키워 줘야 한다. 다른 아이와 비교하며 아이를 주눅 들게 해서는 안 된다. 내 아이만의 배움과 성장 속도를 받아들여야 한다. 항상 긍정의 말로 아이를 응원하고 칭찬하면 아이는 변하게 되어 있다. 엄마가 믿음을 보이는 만큼 더 크게 성장하게 되어 있다. 어느새 부쩍 성장한 아이는 자신감에 가득 찬 표정으로 엄마에게 달려올 것이다. 아이를 믿고 응원하면 엄마의 생각보다 더 크고 빠르게 성장할 것이다.

07 🌸

사랑받은 아이 vs 받지 못한 아이

육아를 하는 데 있어서 엄마의 가장 중요한 임무는 아이를 사랑하는 일이다. 사랑하는 만큼 사랑한다고 표현해야 한다. 듣고 또 들어도 계속 듣고 싶은 말이 "사랑해"라는 말이다. 세상에 자신을 사랑한다는 데 싫어하는 아이가 세상에 어디 있을까? 우리 엄마들도 남편에게 사랑한다고 표현해 주기를 바라지 않는가? 하물며 엄마가 세상의 전부인 우리 아이는 엄마의 사랑을 끝없이 느끼고 싶어 한다. 때로는 엄마에게 투정도 하고 힘들게도 하지만 아이는 엄마의 사랑을 먹고 산다.

어느 날 나는 길에서 아이를 안고 아이에게 "은우야 사랑해"라고 말하며 뽀뽀를 하는 엄마를 본 적이 있다. 그 순간 '참 보기가 좋다.'라고 생각하면서도 '사람이 이렇게 많은데 부끄럽지 않을까?'라고 생각했다. 말도 안 되는 생각이다. 사랑하는 우리 아이에게 사랑한다고 말하는데 부끄러울 수가 있다는 말인가?

나는 연애 때 사랑에 눈이 멀어 남자 친구와 길을 건너기 위해 신호등에 서 있으면서도 사랑한다는 표현을 했다. 그 순간엔 주위에 다른 사람들은 보이지 않았고 오직 남자 친구만 보였다. 나는 지금도 가끔 남편에게 "나 사랑해?"라고 물어본다. 사랑한다는 사실은 알지만 확인받고 싶은 것이다. 그럼 남편은 부끄러워서 대충 대답하지만 나는 확인을 받으면 세상 행복하다. 매일 표현해 주면 좋겠다.

그런데 내 목숨을 다 줘도 아깝지 않은 우리 아이에게 사랑을 표현하는 것이 부끄럽다고 생각했다니 정말 멍청한 생각이었다. 산후 우울증을 겪으며 육아가 힘들고 내 몸이 힘들었다고 해도 너무했다. 사랑하는 내 아이에게 "사랑해"라는 말을 많이 하지 않는다는 사실에 마음이 아팠다. 그때부터 나는 아이에게 매일 사랑한다는 말을 10번 이상 하기로 결심했다. 나는 시도 때도 없이 아이에게 두 팔을 벌렸다. 아이는 울다가도 달려왔고 놀다가도 달려와서 안겼다. 한번은 나에게 달려와서 뽀뽀를 해주는데 너무 격렬하게 해서 숨을 못 쉴 뻔한 적도 있다.

반대로 내가 아이에게 뽀뽀 세례를 하면 아이는 깔깔거리고 웃으며 좋아한다. 숨이 넘어갈 듯이 웃어서 그만하려고 하면 다시 와서 뽀뽀를 해달라고 손가락으로 가리킨다. 나는 다른 놀이는 하지도 않았다. 그저 안아 주고 사랑한다 말하고 뽀뽀만 해주었을 뿐인데 아이는 장난감보다 나를 더 좋아한다. 아이를 하원시키기 위해 어린이집에 데리러 가면 매일 "엄마~!" 하고 두 팔을 벌리고 해맑게 웃으며 달려나온다.

그럴 때마다 나는 예전의 내 모습에 반성한다.

　내가 아이에게 사랑을 표현한 순간부터 아이는 많은 것이 변하기 시작했다. 매순간 짜증을 부리던 아이의 표정이 너무나 밝아졌다. 자신이 원하는 것이 있으면 애교를 부리며 얘기하기 시작했다. 많은 장난감이 눈앞에 있어도 나와 놀기를 원했다. 내가 가끔 힘이 들어 엎드려 있으면 옆에 와서 뽀뽀를 해주었다. 아이를 재우다가 내가 먼저 잠이 들면 세 살밖에 안 된 어린아이가 그 작은 손으로 얼굴을 쓰다듬어 주고 뽀뽀를 해주었다.

　"말하지 않아도 알아요~."라는 초코파이 CF 광고 속 노래이다. 가사처럼 말하지 않아도 전부 사랑을 느낀다면 애정결핍을 겪는 사람은 없을 것이다. 눈빛만으로 사랑의 감정을 느끼기에는 한계가 있다. 사랑은 표현할수록 커지고 표현해야 아는 법이다. 특히 아이들은 눈빛, 말투, 감정까지 다 흡수해 자신의 것으로 만들기 때문에 더 잘해야 한다. 말, 행동, 몸으로 아이에게 진심을 담아 사랑을 표현해야 한다.

　또 아이의 눈을 맞추고 얼굴을 바라보며 아이의 말을 들어줘야 한다. 진심을 다해 소통해야 엄마의 사랑을 제대로 느낄 수 있다. 사랑받는 아이는 자존감이 높아진다. 자존감이 높은 아이는 무엇이든 두려워하지 않고 도전하는 도전 의식이 생긴다. 스스로 선택하고 끝까지 해내려 노력한다. 끝까지 해내려는 아이의 의지는 성공한 삶을 살도록 도와준다.

축구 선수 박지성, 프로골퍼 박세리, 피겨의 여왕 김연아는 우리나라에서 크게 성공한 사람이다. 분야는 다르지만 이들이 각자의 분야에서 크게 성공할 수 있었던 가장 큰 원동력은 무엇일까? 이들을 믿고 무한한 지지를 해준 부모님의 사랑이다. 이들의 뒤에는 부모의 사랑이 숨어 있는 것이다.

피겨의 여왕 김연아는 7살에 스케이트장을 방문했다. 발레나 바이올린엔 영 흥미를 보이지 않던 아이가 빙판에서 흥미를 느끼고 열중하는 모습을 보였다. 이를 알아본 최종현 코치는 김연아를 선수로 키우자고 했다. 경제적 여건이 되지 않는다면 자신의 사비를 들여서라도 키우자고 제안했다. 운동선수를 키운다는 사실은 생각보다 훨씬 더 힘들다. 집안 형편도 많이 따라 줘야 한다.

김연아의 어머니는 살림이 어려워졌음에도 레슨비, 링크장 대관비, 전지 훈련비를 어떻게든 만들어 냈다. 아이를 먼 훈련장에 데리고 오가는 일, 연습하는 동안 눈을 떼지 않고 아이의 상태를 체크하는 일 등 아이의 역량을 최고로 높이는 일도 엄마의 몫이었다. 많은 연습량과 매일 넘어지고 다치는 아이를 보는 엄마의 마음은 말이 아니었다. 내가 경험해 보진 않았지만 어느 정도 공감이 된다. 김연아의 어머니는 그럼에도 아이를 믿고 끝까지 밀어 주었다. 실수하는 아이를 더 좋은 방향으로 이끌기 위해 채찍질을 하는 일도 마다하지 않았다.

김연아는 중간에 허리를 다치는 위기도 있었다. 재정적인 형편 때문에 '스케이팅 선수로 만드는 것을 포기해야 하나.' 하는 고민도 수업이 많이 했다고 한다. 하지만 김연아 엄마는 속마음을 숨기고 김연아를 밀고 응원하며 견뎌냈다. 김연아에게 엄마는 정신적 기둥이었다. 그 결과 김연아는 피겨 역사상 가장 위대한 선수로 탄생하였다. 그녀는 연예인이 아니지만 광고계의 블루칩이 되었다. 어떤 업체는 김연아를 CF모델로 내세운 덕에 5배 이상의 매출을 올렸다. 지금은 은퇴를 한 지 4년이 지났지만 가장 영향력 있는 스포츠 스타로 자리매김한 것이다.

한 인터뷰에서 김연아는 "생각한 대로, 상상한 대로 이뤄가고 있어요. 한 계단씩 내가 원하는 자리로 올라갈 거예요."라고 말했다. 당시 19살이었던 김연아의 말에서 자신감, 당당함, 자신에 대한 확신을 느낄 수 있다.

김연아가 이렇게 성공할 수 있었던 이유는 엄마의 사랑이 있었기 때문이다. 아이가 가진 재능을 발견한 것이 엄마였다. 힘들 때마다 의지가 되어 준 사람도 엄마였다. 코치보다도 더 자세하게 분석하면서 아이의 능력을 끌어 올려준 사람도 엄마였다. 자신이 상상한 대로 이루어나간다는 의지와 확신을 갖게 만든 사람도 엄마였다. 김연아의 엄마도 분명히 힘들었을 것이다. 하지만 아이를 위해, 아이를 믿고 사랑하는 마음으로 자신을 더 이겨냈다. 엄마도 자신을 이겨냈기에 김연아도 위기의 순간이 있을 때 포기하지 않고 이겨냈다. 그 엄마에 그 딸이다.

긍정적인 말의 힘, 사랑의 힘은 사람이 아닌 식물, 음식에도 힘을 발휘한다. 며칠 동안 같은 조건, 같은 환경에 놓인 두 개의 밥 중 한쪽에만 사랑을 주고 차이점을 알아보는 실험이 있다. 긍정적인 말과 사랑을 받지 못한 밥은 많은 새까만 곰팡이가 생기고 악취가 난다. 반면에 사랑받은 밥은 예쁘고 하얀 곰팡이가 피고 냄새도 그다지 나쁘지 않은 결과를 보였다. 실제로 나도 실험을 해본 결과 9일 만에 이러한 결과가 나타났다.

이뿐만이 아니다. 에모토 마사루의 ≪물은 답을 알고 있다≫ 책을 보면 '감사합니다.', '사랑합니다.'라는 긍정적인 말에 물의 결정은 눈꽃 모양이나 육각형 등 예쁜 모양을 갖는다. 부정적인 말에는 모양이 없었다. 밥 실험과 물의 실험에서 알 수 있는 것은 우리는 언제나 사랑을 표현하고 긍정적인 말을 해야 한다는 것이다.

"천사와 악마의 차이는 그가 하는 말에 달려 있습니다. 당신의 말에는 어떤 향기가 납니까?"라는 말은 할 어반의 ≪긍정적인 말의 힘≫에 나오는 문구이다. 오늘 아이에게 했던 말, 방금 했던 말을 다시 생각해 보자. 자신의 말에서 사랑이 듬뿍 담긴 달달한 향기가 났는지 코를 막게 되는 꿉꿉한 냄새가 났는지 생각해 보는 것이다.

사랑받는 아이가 성공한다. 내 아이가 어둠의 그림자로 가득 찬 아이로 자랄지, 자신감 넘치는 아이, 성공한 사람으로 자랄지는 엄마에게 달려 있다. 항상 사랑을 담아 긍정적으로 말해야 한다. 내뱉은 말은 주워 담지 못한다. 엄마는 언제나 아이의 편에서 "네가 최고다.", "넌 할수 있어. 다시 한번 해보자!"라는 응원으로 자존감을 높여 줘야 한다. 생각은 말과 행동을 하게 한다. 부정적인 생각을 한다면 힘든 육아를 더 힘들게 만들 뿐이다. 과거 나도 산후 우울증을 겪으며 육아에 대해 부정적인 생각으로 가득했었다. 그럴수록 아이는 더 보채고 더 짜증을 냈다. 엄마 때문에 아이도 더 힘들었던 것이다.

엄마라면 내 아이는 삶의 주인공으로, 자신의 삶을 주도하는 사람으로 성장하기를 바라지 않는가? 그러려면 먼저 아이에게 넘치는 사랑을 베풀어야 한다. 사랑의 눈으로 아이에게 사랑의 빔을 쏘아 보자. 그리고 표현하자. 사랑의 빔을 받은 아이는 언제나 싱글벙글 웃는 모습을 보인다. 사랑받는 아이는 얼굴을 보면 알 수 있다.

놀고 싶은 아이 vs 통제하는 엄마

"지후야~ 우리 맛있는 밥 먹자~!"

내가 저녁 준비를 하는 동안 TV를 보던 아이는 억지로 식탁에 앉았다. 또 밥 먹는 것으로 씨름이 시작되었다. 나는 몸에 좋은 야채를 잘게 다져 볶음밥을 해주었다. 한두 숟가락 먹고 먹지 않았다. 오래 앉아있는 것이 지루했던 아이는 자리에서 이탈했다. 돌아다니며 한 숟가락씩 먹기 시작했다. 그조차도 입에 넣고 씹지 않고 오랫동안 물고만 있었다. 어느 날부터인가 갑자기 편식을 시작하더니 잘게 다진 야채를 보면 아예 먹지 않았다. 뭐라도 먹여야겠다고 생각한 나는 냉장고에서 이것 저것 다 꺼내어 먹여 봤지만 실패했다. 마지막에는 김에 밥을 싸 주니 잘 먹었다.

하루는 아이 친구 D의 집에 놀러갔다. 친구와 함께 놀다가 저녁까지 먹게 되었다. 메뉴는 방금 지은 밥과, 어묵을 넣은 우동이었다. 나는 이날도 "우리 지후는 밥 잘 안 먹을 거야. 지후 거는 조금만 퍼 줘."라고 했다. 그런데 웬걸? 28개월짜리 아이가 성인 밥 한 그릇의 양을 다 먹었다. 심지어 재미있는 장난감을 보고도 자리에서 일어나지 않고 더 달라고 하기까지 했다. 친구의 집에서 먹는 음식은 입에 잘 맞았던 것이다.

나도 그랬듯이 대부분 엄마들은 아이에게 자신의 기준으로 좋은 것만 골라서 먹이려고 한다. 유기농 야채를 선택하고 간은 싱겁게 한다. 될 수 있으면 더 좋은 음식을 먹고 건강하게만 자라기를 바라는 엄마의 마음이다. 많은 육아 서적에도 아이의 음식에는 최대한 간을 하지 말라고 한다. 자극적이고 짠 음식은 소아 비만에 원인이 되고 성인병에도 걸리기 쉽기 때문이다. 하지만 생각해 보자. 우리 어른들도 아무리 몸에 좋다고 해도 맛없는 음식은 잘 먹지 않는다. 그런데 더 까다로운 입맛의 아이가 먹을까? 절대 그렇지 않다. 결국 몸에 좋다는 이유로 맛없는 음식을 억지로 먹이려고 했기 때문에 식사 시간이 힘든 것이다.

열심히 아이를 위해서 좋은 재료로 음식을 했는데 먹지 않으면 속상하다. 하지만 "그럴 수도 있지. 다음엔 다른 음식을 해줄게"라고 말해야 한다. 그리고 일단 아이가 잘 먹는 것으로 끼니를 해결해도 된다. 좋아하는 음식을 맛있게 먹는 것의 즐거움을 느끼게 하는 것이 먼저이다. 그렇다고 아이가 좋아하는 음식, 한 가지만을 계속 먹일 수는 없다. 그 음식에 다양한 재료를 하나씩, 하나씩 추가해 나가면 된다. 같은 음식이라도 튀기거나 볶아 주는 등 조리법을 다양하게 해주면 된다. 그럼 아이는 천천히 다른 음식에도 적응하고 잘 먹게 된다.

어느 날은 아이와 함께 밀가루 반죽놀이 책을 보았다. 그 책에는 한 귀여운 여자아이가 밀가루를 만지며 노는 장면이 나온다. 밀가루를 만지고, 누워도 보고, 물을 넣어 반죽도 한다. 반죽으로 조물조물 가지고 한참을 논다. 토끼, 사자, 꽃 등 자신이 좋아하는 동물이나 꽃을 만든다. 이번에는 밀가루 반죽을 돌돌 말아 길게 만들어 본다. 꽈배기도 만든다. 반죽을 밀대로 밀어 납작하고 넓게 편다. 넓게 펴진 반죽을 국수 뽑는 기계에 넣어 국수를 만든다. 국수를 끓여 맛있게 먹는 장면으로 끝났다.

그 책을 보자 아이는 자신도 이 놀이를 해 달라고 했다. 국수도 먹겠다며 국수를 만들어 달라고 했다. 나는 그 즉시 아이와 주방에 가서 밀가루 반죽을 만들어 놀게 했다. 같이 놀면서 냄비에 물을 받아 국수를 끓이기 시작했다. 국수를 끓이는 중간 중간에 아이와 함께 밀가루 반죽 놀이를 했다. 아이는 이 놀이를 너무나 재미있어 했다. 국수가 완성되어 아이에게 주었다. 그리고 나도 함께 놀이를 하듯 식사를 했다. 그랬더니 돌아다니지도 않고 한자리에서 많은 양을 다 먹었다. 내가 만들어 준 음식을 이렇게 맛있게 많이 먹은 적이 처음이었다. 요리를 자꾸만 해주고 싶은 마음이 들었다.

대부분 엄마들은 아이와 함께 밥을 먹지 않는 경우가 많다. 아이를 먼저 먹인 후나 아이가 식사를 하기 전에 밥을 먹는 경우가 많다. 아이와 함께 밥을 먹는다는 일이 쉽지는 않기에 이해한다. 나도 그랬으니 말이다. 하지만 조금이라도 함께 식사하는 시간을 가져야 한다. 엄마가 아이와 같은 메뉴를 먹는 모습을 보여 주는 것이다. 엄마가 식사를 하는 모습을 봄으로써 '나도 먹어 볼까?' 라는 생각을 갖게 할 수 있는 것이다. 아이는 무엇이든 따라 하기 때문에 지속적으로 보여 준다면 음식은 입에 넣고, 씹고, 삼키는 행위를 모두 배울 것이다.

밥을 잘 안 먹는 아이는 음식에 관심이 없어서인 경우도 있다. 이런 경향의 아이에게는 먼저 음식에 대한 관심을 갖게 해야 한다. 식사 시간에 맛있는 음식을 먹으며 엄마와 상호 작용 하는 시간이 편안하다고 생각해야 한다. 그러려면 식사 준비를 하기 전에 음식에 관련된 책을 보거나 사진을 보여 주면서 어떤 음식이 먹고 싶은지 고르게 하는 것도 좋다. 그리고 내가 했던 방법처럼 식사 준비를 할 때 아이에게 준비하고 있는 음식에 들어가는 식재료를 가지고 놀게 하는 것도 좋은 방법이다. 예를 들면 당근이나 오이같은 야채를 잘라 주고 예쁜 동물을 만들어 달라고 하는 것이다.

토끼, 곰, 고양이, 자동차, 비행기 등 여러 가지 모양으로 주먹밥을 함께 만드는 시간을 갖는 것도 좋다. 가만히 앉아 있지 않아 스마트폰을 보여 주는 대신 좋아하는 책을 읽으면서 식사하는 것도 괜찮다. 그리고 TV를 보거나 장난감을 가지고 재미있게 놀고 있었다면 잠시 식사 시간을 뒤로 미뤄도 된다. 대신 함께 놀아야 한다. 아이와 충분히 놀아

주다가 소재를 바꿔 밥 먹는 놀이를 하면 된다. 아이는 여전히 놀이를 하고 있다고 생각하기 때문에 억지로 식탁에 끌려오지 않는다. 억지로 입을 벌리는 것이 아니다. 밥이 완성되면 부르지 않아도 달려와서 기다릴 수도 있다. 엄마도 더 이상 힘들어하지 않아도 된다. 식사 시간도 엄마와 함께하는 즐거운 놀이 시간이라는 사실을 알게 되는 순간, 더 이상 씨름하는 힘든 식사 시간이 아닐 것이다.

음악에 대한 천재성을 띤 가수 '악동 뮤지션'은 어린 나이에 큰 성공을 거둔 뮤지션이다. 그들의 가족은 몽골에서 생활하면서 홈스쿨링을 시도했지만 잘되지 않았다. 그들의 부모님은 아이들을 다그치고, 시간표를 정해 다른 짓을 못하게 해보기도 했다. 하지만 이런 규제는 아이들에게 먹히지 않았다. 아버지에게 천재성을 물려받은 찬혁군은 다른 짓을 하다가 곡을 만들었다. 그 곡에 예쁜 목소리를 가진 수현이 노래를 불렀다. 찬혁군은 19살부터 새로운 멜로디가 계속 떠올랐다. 하지만 이것도 출판업계에서 사회생활을 할 때는 떠오르지 않았다가 자유로워지니 떠올랐다고 했다.

그들은 음악적으로 전문적인 교육을 받은 적이 없다. 그런데 어떻게 음악에 대한 천재성을 띠게 되었을까? 악동 뮤지션의 부모는 "하고 싶은 걸 할 수 있도록 기회를 줬을 뿐입니다. 재촉하지 않고 기다려 주다 보니 아이들 스스로 재능을 발견한 것이죠"라고 말한다.

우리나라처럼 사교육열이 뜨거운 나라에서는 쉽게 보기 힘든 일이다. 재능을 찾게 해준다는 이유로 이런저런 사교육을 시키며 부모의 생각대로 통제하는 일이 더 흔한 곳이 우리나라다. 넘치는 정보의 바다 속에서 무수히 많은 육아 정보, 육아법들을 적용시키려 한다. 모두 아이를 더 잘 키우고 싶은 마음에서 나오는 행동이지만 도움이 되지 않는 경우도 허다하다. 아이들은 자유로울 때 창의력이 커지고 사고가 넓어진다. 그 아이만이 가진 재능이라는 달란트를 발견하게 된다. 수학 공식을 외우는 것처럼 주입식의 교육만 하고 통제한다면 아이의 재능은 발견하기 어렵다.

내 아이는 엄마가 제일 잘 아는 법이다. 가장 가까이에서 가장 오래 함께하는 사람이 엄마이기 때문이다. 그러므로 '내 아이에 관한 한 내가 전문가이다'라는 생각으로 본인의 육아관에 자신을 가져도 좋다. 적당한 규칙은 있어야 하지만 융통성이 필요하다. 오후 1시는 낮잠 자는 시간, 오후 5시는 공부하는 시간, 오후 7시는 저녁 먹는 시간, 오후 9시는 잠자는 시간이라고 무조건 정해져 있는 것이 아니다. 단지 엄마가 '이렇게 생활했으면 좋겠다.' 라고 생각하는 엄마만의 규칙이다. 아이에게는 누구나 재능이 있다. 엄마의 가치관을 바탕으로 내 아이에게 맞게, 엄마의 육아관에 맞게 변형하여 육아를 하면 되는 것이다.

그리고 아이를 지지해 주자. 재능은 관심에서 출발한다. 아이는 관심 있어 하는 것에 대해 표현하면 인정받고 지지받기를 원한다. 표현하고 지지받는 행위가 반복될수록 아이는 무언가를 배우고 스스로 발달하게 되는 것이다. 이 모든 것이 놀이 속에서 발견된다. 모든 것을 처음 겪는 아이에게 적정한 틀은 필요하다. 어떤 통제도 없이 허용된 환경에서 자란다면 오히려 불안정, 혼란을 겪게 되기 때문이다. 하지만 그 틀 안에서는 자유를 보장해 줘야 한다는 것이다. 그래야 내 아이의 재능과 장점을 제대로 볼 수 있다. 재능이라는 원석을 갈고 닦아 가장 빛나는 다이아몬드로 만들 수 있다는 것이다.

PART 3

육아 스트레스에서 벗어나고 나만의 시간을 가져라

　육아를 하는 엄마들, 육아 스트레스에 힘들어하는 엄마일수록 하루 한 시간, 나만의 시간을 꼭 가져야 한다. 의도적으로, 어떻게 해서든지 만들어야 한다. 모든 일에는 때가 있는 법이다. 육아 스트레스를 받는 지금이 적기이다. 그 순간을 놓치지 말고 자신이 진짜 원하는 것이 무 엇인지 먼저 생각해 봐야 한다. 차 한잔 마시기, 멍하게 가만히 있기, 잠자기, 독서하기, 취미 생활 찾기 등 무엇이든 힐링할 수 있는 시간을 가지는 것이다. 그 시간들은 자신을 더 생각해 보게 한다. 나아가 어떤 방법으로 내가 더 발전할 수 있을지, 더 행복한 삶을 살 수 있는 방법은 무엇인지 생각해야 한다.

01

왜 엄마가 되고 난 후 우울할까?

예쁘고 귀엽기만 한 아기, 아이를 키우는 많은 엄마들이 육아 우울증을 겪고 있다. 2018년 5월 28일 인구보건복지협회 '저출산 인식 설문 조사'에서 기혼 여성 3명 중 1명은 육아 우울증으로 자살 충동을 느낀 적이 있다는 결과가 있다. 응답자 중 50.3%는 육아 우울증으로 '아이를 거칠게 다루거나 때린 적이 있다.'고 답했다. 육아 우울증을 겪던 30대 여성은 생후 7개월 딸을 살해한 뒤 자살을 하는 안타까운 사건도 뉴스에서 심심치 않게 들려온다.

육아 우울증이라는 증상은 목숨을 끊는 일까지 생길 정도로 생각보다 더 심각한 증상이다. 육아 우울증을 겪고 있어도 터놓고 말하지 못하는 경우도 많다. 얼마나 힘들었으면 자기가 낳은 사랑하는 아이를 살해하고 자살이라는 극한의 상황을 선택하는 것일까? 사랑하는 남자와 그토록 바라던 결혼을 했다. 나와 남편을 닮은 눈에 넣어도 안 아플 내 아기를 낳았는데 왜 육아 우울증에 걸리는 것일까? 남편, 아이, 집, 행복한 가정의 조건을 다 갖췄는데 왜 행복하다고 느끼지 못하는 것일까? 우리 엄마도 나를 그렇게 키우셨을까? 참 많은 생각을 했다.

내가 어릴 때부터 보아 온 엄마의 모습은 언제나 깨끗한 집을 유지하기 위해 아침, 저녁으로 말끔하게 청소를 하는 분이었다. 엄마는 아빠가 벌어다 주는 돈으로 가정의 생계를 꾸렸다. 아침에 정신없이 아이들을 준비시켜 학교에 보내고 난 후 집 청소를 했다. 학교에서 돌아오면 직접 만든 간식을 내놓으시며 반갑게 맞아주셨다. 언제나 무한한 사랑을 주는 존재였다. 더 행복한 아이로 키우기 위해 고민하는 사람이었다. 아이를 위해 자신을 희생하는 일도 마다하지 않는 강인한 사람이었다. 엄마 자신의 인생보다는 가족이 1순위였던 사람이다. 그래도 엄마는 스스로를 행복해하는 사람이라고 생각했다.

그런데 내가 엄마가 되고 나서부터는 그 생각이 완전히 달라졌다. 내가 생각했던 엄마의 모습과 내 모습은 거리가 멀었다. 엄마가 되면 아이만을 생각해야 한다고 느꼈는데 아이를 안고 나를 잃는다는 사실이 힘들었다. 더 좋은 엄마가 되고 싶지만 마음처럼 되지 않는 육아 일상에 힘들었다. 아이를 좋아했지만 내가 엄마가 된다는 사실에 대해 깊게 생각해 본 적이 없었다. 누구나 다 하는 것이라고 생각했다. 아무런 준비 없이 나는 엄마가 된 것이다.

결국 나도 기사에 나온 여자들처럼 육아 우울증을 겪었다. 아이를 낳고 나니 하루아침에 내 삶이 변해 버렸다. 내 인생이 사라지고 아이를 위한 엄마라는 인생만 남았다. 여자로서의 인생도 끝난 기분이었다. 이제는 어디를 가도 '아가씨'가 아니라 '아줌마'라는 사실에 서글퍼졌다. 아줌마처럼 보이지 않으려 예쁘게 화장을 하고 예쁘게 옷을 입어도 나는 아기띠를 하고 기저귀 가방을 든 아줌마였다. 언제나 유모차가 함께했다. 내 이름은 사라지고 '지후 엄마'라는 이름이 생겼다.

하루 종일 밥을 먹기도 힘들었고 잠도 마음껏 잘 수 없었다. 굉장히 자유로운 성격으로 여기저기 여행을 다니기 좋아했지만 현실은 집 앞 편의점도 갈 수 없었다. 외출을 할 때면 누구보다 예쁘게 꾸미기 좋아해 준비하는 시간이 두 시간이나 걸렸다. 이제 나의 외출은 아기 예방 접종을 위해 병원을 가는 것이었다. 그마저도 기저귀 가방에 아기용품을 넣고 아기 옷을 입히는 일만 해도 두 시간이 걸렸다. 나를 위해 예쁘게 꾸미고 나가는 시간은 사라졌다. 아직 눈에 초점도 없고 말도 통하지 않는 아이에게 끊임없이 얘기했다. 아무리 얘기해도 같은 표정으로 바라보는 아이와 단둘이 있는 시간은 외로웠다.

매일 남편이 퇴근하고 집으로 들어오는 순간만을 기다렸다. 남편이 오면 오늘 하루 동안 쌓아 놨던 얘기를 털어놓았다. 그마저도 자는 아이가 깰까 봐 소곤소곤 얘기했는데 아이가 울어 우리의 대화는 끊겼다. 그래도 '이제는 나도 엄마니까, 적응해야 하니까.'라고 생각했다. 힘들어도 '이 또한 지나가리라.'라고 생각했다.

시간이 갈수록 나는 더 힘들었다. 갑상선 호르몬 항진증에 걸려 몸을 움직이기조차 힘들었다. 모든 순간이 무기력했다. 내가 육아를 하는 마음가짐은 책임감이 더 컸다. "내가 돈 벌러 나갈게. 당신이 육아해." 라고 남편에게 말하기도 했다. 점점 예민해진 나는 육아에 잘 참여하는 남편을 못살게 굴고 있었다. 이 세상에서 나만 힘든 것 같았다. 아이 때문에 변해 버린 내 삶을 보며 임신 전으로 돌아간다면 아이를 낳지 않을 것이라고 다짐하기도 했다. 그런 다짐을 하는 나를 보면서 엄마로서의 자격이 없다고 생각했다.

이러한 생각들이 엄마들에게는 육아스트레스가 된다. 육아 우울증을 부르는 큰 요인들이다. 조금만 마음의 여유를 가지고 자신을 다독이면 되는데 그럴 만한 마음의 여유가 없다. 대화 상대라도 있으면 좋은데 남편, 친구, 부모님 모두 각자의 삶이 있어 한계가 있다. 게다가 독박 육아는 우울증을 부르는 가장 큰 요인으로 꼽는다. 참 외롭고 힘든 일이다. 결혼, 출산 모든 것이 자신의 선택이라 누군가에게 힘들다고 말하기도 쉽지 않다. 육아 우울증은 외로움, 호르몬, 낮은 자존감, 좋은 엄마 콤플렉스 등의 이유가 복합적으로 작용한다. 말로 다 표현하기 힘든 감정이다.

가수 양동근의 아내도 육아 우울증을 겪었다. 23살에 양동근을 만나 결혼했다. 어린 나이에 엄마가 되었다는 사실은 감당하기가 힘들었다. 게다가 허리 디스크까지 발병해 몸까지 좋지 않았다. 스케줄이 바쁜 양동근은 아내를 돌봐 주고 위로해 줄 여유가 없었다. 양동근의 아내는 더 보호받아야 할 어린 나이에 우울, 통증, 외로움까지 겹쳐 너무나 힘들었다. 결국 결혼 1년 만에 남편에게 이혼장까지 내밀었다. 그때서야 양동근은 아내를 이해하고 배려하기 시작했다. 다행히 부부는 대화로 위기를 극복했고 지금은 세 아이를 키우는 다둥이 엄마, 아빠가 되었다.

양동근의 아내처럼 나도 결혼 8개월 만에 '아, 이러다 이혼할 수도 있겠구나.'라고 생각했다. 나도 많이 외로웠고 감정의 기복이 아주 컸다. 내 주위엔 아직 결혼한 친구도, 아이를 낳은 친구도 없었다. 내 감정을 이해해 줄 수 있는 상대가 없었다. 부모님께는 힘든 모습을 보이는 것은 불효라고 생각해서 말도 못 꺼냈다. 매일 아이 때문에 행복한 척했다.

앞으로 쭉 이렇게 살아야 한다는 사실이 막막하고 한숨이 나왔다. 더 이상 나는 이렇게 살 수 없다고 생각했다. 사랑하는 내 아이이지만 내가 없는 인생으로 살기 싫었다. 그 순간 나는 나에 대해 다시 알았다. 무언가를 이루기 위해 죽도록 노력하며 살지는 않았지만 소소한 성취감을 느끼며 살아야 하는 사람이었다. 직장 생활을 하면 한 달 동안 일한 대가로 월급을 받는다. 월급을 받으며 성취감을 느꼈다. 사람에게 성취감이란 희열을 느끼게 하고 삶의 에너지를 주는 감정이다. 높은 산을 오르는 일은 굉장히 힘들지만 꾹 참고 올라가 정상에 서면 큰 성취감을 얻는다. 그때의 희열 때문에 사람들은 끊임없이 도전하는 삶을 살아간다.

나는 뭐든지 하면 된다고 생각하며 살아왔다. 무슨 일이든지 어렵게 생각해 본 적이 없었다. 내가 하려고만 하면 어느 정도는 다 되었다. 그런데 엄마가 되고 나니 그렇지 않았다. 내가 아무리 발버둥 쳐도 육아에서 벗어날 수 없었다. 아무리 힘들어도 아이를 포기할 수는 없었다. 아이가 웃어 주면 그것이 보상이었다. 하지만 뒤돌아서면 나는 나를 위한 인생을 원하고 있었다.

KBS 드라마 〈고백부부〉 중의 대사이다. "왜 엄마가 되고 나니 우울할까?"라는 질문에 대한 답이다.

"엄마가 남들 다하는 뻔한 것처럼 보이지만 과거, 현재, 미래 모든 게 사라지는 것 같고, 지구상에서 나란 존재가 참 쓸모없고, 하찮은 존재로 느껴진다. 엄마로 산다는 것은 참 당연한 건데 그게 그렇게 힘들다. 엄청난 일을 하는 거다. 엄마도 사람이니까."

나를 포기하는 순간, 육아 스트레스의 시작이다

육아를 하는 데 내가 가장 힘든 순간은 나의 욕구를 충족시키지 못할 때였다. 나는 지금 설거지를 하고 싶은데 아이 때문에 할 수 없었다. 움직이지 못하는 유아 시절이지만 집을 둘러보면 널브러진 손수건, 똥 기저귀들이 나뒹굴고 있었다. 그 순간 청소를 하고 싶었지만 아이가 깰까 봐 할 수 없었다. 배가 너무 고파 밥을 먹고 싶은데 아이가 토를 해서 씻겨야 했다. 이런 사소한 욕구들이 생기니 아이를 보면서도 마음이 다른 데가 있었다. 아이에게 집중하지 못하고 마음이 조급했다.

겨우 밥 좀 먹으려는데 밥을 코로 먹는지 입으로 먹는지 몰랐다. 먹어도 먹은 것 같지 않았다. 대부분 엄마가 그러하듯 밥을 먹다가 아이가 울고 보채면 달려갔다. 아이를 겨우 달래고 와서 한 순갈 뜨면 또 울었다. 아예 아이를 안고 밥을 먹었다. 아이를 안고 먹으니 아이에게 국물을 흘릴 것 같아 불편했다. 자세가 불편한지 아이도 뒤척였다. 아이가 조금 크면 달라질까? 잠시도 눈을 뗄 수 없기에 더 자주 밥숟가락을 놓고 아이를 잡으러 다녔다. 응가를 해서 밥 먹던 도중에 화장실에 가서 씻기는 일은 일도 아니다. 결국 밥을 먹지 못했다.

나는 화장실도 아이가 울지 않을 때까지 참고 가야 했고 일을 다 보지 않았어도 아이가 울면 헐레벌떡 뛰어나왔다. 지금 생각해 보면 그냥 좀 울리고 말걸 그랬다. 조금 울려도 잘못되는 것은 하나도 없는데 마음이 조급했다. 나는 좋은 엄마 콤플렉스를 가지고 있었다. 아이를 울게 해서는 안 된다는 강박 관념이 있었다. 그러던 어느 날은 '그래, 그냥 내가 포기하자. 내가 뭘 할 수 있다는 기대감은 버리고 아이만 보자. 그럼 하고 싶은 것을 못해서 스트레스를 받지는 않겠지.'라는 생각이 들었다. 그렇게 한동안 나를 포기한 순간이 있었다.

제일 먼저 밥을 포기했다. 천천히, 한자리에 앉아서, 음미하며 밥을 먹는다는 것을 생각할 수 없었다. 밥숟가락을 내려놓고 여러 번 왔다 갔다 하다가 결국 나는 성질이 났다. 화가 나는데 화를 낼 수 없는 상황에 나는 속이 터질 것만 같았다. 아이가 깨어 있는 동안에는 차라리 안 먹는 게 편할 것 같았다. 어차피 입맛도 없었기 때문에 그다지 어렵지 않았다. 하루에 한 끼도 안 먹은 날도 많다. 겨우 물, 우유, 차, 삶은 계란 몇 개로 하루를 버텼다. 친정엄마가 몸조리하라고 끓여 준 사골 국물이 그나마 나를 버티게 했다.

보름 정도 지났을까, 나는 퇴근하는 남편을 맞이하러 현관문 앞에 갔다가 그 앞에서 쓰러졌다. 남편은 문을 열자마자 쓰러지는 나를 보고 깜짝 놀랐다고 한다. 다행히 곧 정신을 차렸고 오랜만에 남편과 밥다운 밥을 먹었다. 나도 놀란 나머지 더 이상은 이렇게 나를 혹사시키지 않겠다고 다짐했다. 남편도 많은 걱정을 했다. 매일 밥을 잘 챙겨 먹었는지 체크하기까지 했다.

그 이후로도 온 신경이 예민했던 나는 자주 아팠다. 자주 체했고 역류성 식도염, 위염 등 증상을 달고 살았다. 물론 갑상선 호르몬에 의한 질병은 낫지 않은 상태였다. 음식을 먹어도 아프고 안 먹어도 아팠다. 그럼에도 육아를 하는 데에는 크게 나아진 것이 없었다. 오로지 아이에게만 매달리고 더 잘해 줬다고 생각했는데 아이의 보챔은 사라지지 않았다. 내 몸만 혹사시켰다. 육아 스트레스는 더 심해졌다.

육아를 하는 엄마들이라면 누구나 육아가 힘들다고 말한다. 까칠한 기질의 아이도, 순한 기질의 아이도 육아는 누구에게나 힘들다. 정도의 차이만 있을 뿐이다. 육아는 하루 종일 해도 끝이 없다. 아이의 울음소리에 아침을 시작해서 분유 타기, 트림시키기, 옷 갈아입히기, 목욕시키기, 실내 온도와 습도 맞추기, 빨래하기, 설거지하기, 청소하기, 재우기, 다시 분유 타기, 트림시키기…. 하루 24시간 끝이 없이 일하는데 아무도 알아주지 않는 당연한 일로 여겨진다.

게다가 육아는 체력전이다. 건강한 아이를 키우려면 엄마도 건강해야 한다. 행복한 아이를 키우려면 엄마도 행복해야 한다. 아이가 웃는 모습을 보고 싶다면 엄마가 웃어야 한다. 아이는 주 양육자인 엄마를 보며 자란다. 우울한 표정과 축 처진 어깨로 기운 없는 모습만 보여 주면 아이는 웃을 리가 없다. 육아 스트레스는 더욱 심해진다. 더 나락으로 떨어지지 않도록 위기를 극복해야 한다. 나처럼 아이를 위한다며 소중한 나의 가치와 건강을 잊고 지내면 안 된다. 몸도 마음도 내 건강은 내가 챙겨야 한다.

남편이 일찍 퇴근하는 날이면 아이 잠재우기는 남편 몫이었다. 나는 아이를 재우는 과정에서 화가 나서 안았다 내려났다를 반복했지만 남편은 침착하게 대했다. 두 시간이건, 세 시간이건 묵묵하게 아이를 달래며 안아 재웠다. 아이가 잠들면 청소, 설거지 등 집안일은 일단 뒤로 미뤘다.

그리고 휴식을 취하면서 나만의 시간에는 무엇을 하는 것이 좋을지 생각했다. 처음 몇 번은 친구들을 만났다. 자유로운 외출에 너무나 신이 났지만 이것도 오래가진 못했다. 각자의 생활이 있다 보니 매번 만날 수는 없었다. 몇 번 만나고 보니 그 만남도 뭔가 허무했다. 기분이 확실히 나아지기는 했지만 얼마가지 않았다. 나에게 남는 것이 없었다. 중요한 나의 가치를 잊고 한 행동들이었다.

'나는 얼마나 가치 있는 존재일까? 얼마나 가치 있는 존재가 되고 싶을까?'를 먼저 생각했다. 내 안의 가치를 찾기 위해서는 평소 내가 원하던 삶을 사는 사람이나 정말로 싫어하는 사람을 찾으면 된다. 그 안에서 내가 중요하게 생각하는 가치를 찾을 수 있다. 예를 들면, 나는 예전부터 아이를 보면서 자신이 원하는 시간에, 좋아하는 일을 하는 엄마들이 부러웠다. 회사에 출근하는 것과는 달리 시간적인 여유가 있었다. 육아를 하면서 일하는 시간을 자유롭게 조절한다는 것이 매우 좋아 보였다. 여기에서 나는 자유로운 시간과 원하는 일을 가장 중요한 가치로 여긴 것이다.

인스타그램에서 유명한 '아만다'는 팔로워가 6만 3천명이 넘는 파워 인스타그래머. 그녀는 연예인도 아니고 유명 쇼핑몰 CEO도 아니다. 그녀는 뷰티와 패션에 대한 관심을 콘텐츠로 키워 연예인 못지않은 영향력을 끼치는 평범한 주부이다. 직접 만들고 네이밍한 '라이크미' 립스틱이 화장품 브랜드 에스쁘아와 아리따움 매장에 출시되었다. 그녀의 사진이 포스터로 걸려 있다. 샤넬, 까르띠에, 디올 등 명품 브랜드에서는 그녀를 VIP로 초청한다. 브랜드와 협력해 캘리브레이션 제품도 선보인다. 자신의 이름을 건 옷도 출시했다. 다이어트 차까지 섭렵한 그녀는 육아, 다이어트 모든 것이 콘텐츠였다.

평범한 주부였던 그녀도 출산 후 우울증에 걸릴 뻔했다고 한다. 아이를 낳기 위해 대학을 나오고 힘들게 취직한 게 아닌데 아쉽고 억울했다. 돈은 둘째 치고 '자아 실현'이라도 하러 가야 하나 두 달 동안 밤낮으로 고민했다고 한다. 전직 CJ E&M 마케터로 근무했던 그녀는 멈춰버린 자신의 능력을 인스타그램에서 펼쳤다. 인스타그램에서 자신을 찾았다. 반응은 폭발적이었고 지금 그녀는 일과 육아 두 마리 토끼를 다잡은 멋진 엄마, 멋진 여자가 되었다.

아만다는 내가 원하던 가치 있는 삶을 사는 사람이었다. 우울증이 올 뻔한 위기도 있었지만 자신의 관심 있는 분야로 굉장한 성공을 했다.

여느 여자들과 다를 것 없이 출산으로 인생이 나뉘었다. 하지만 그녀는 다른 엄마들과 달리 굉장히 진취적인 삶을 살고 있다. 사진으로 보는 그녀는 너무나 당당하고 행복해 보인다. 나는 그녀를 보면서 가치 있는 삶을 살기 위해 내가 관심 있는 것을 찾았다. 그것을 통해 나도 그녀처럼 일과 육아 두 마리 토끼를 다 잡게 되었다.

육아를 하는 엄마는 사회와 동떨어진, 고립된 존재처럼 느껴진다. 활발한 사회생활을 하다가 집이라는 육아의 새로운 세계에 입문하게 된다. 잠든 아이가 깰까 봐 TV도 제대로 보지 못한다. 뉴스도, 드라마도 보기 힘들기 때문에 세상이 어떻게 돌아가는지 모르는 경우도 있다. 육아의 세계는 외롭고 힘들지만 절대로 나를 포기해서는 안 된다. 오히려 나를 찾을 수 있는 절호의 기회이다. 내가 원하는 가치 있는 삶을 살 수 있도록 동기 부여를 해주는 소중한 시간이다. 힘들다고 나를 포기하지 말고 앞으로 펼쳐질 나의 아름다운 삶을 계획하는 시간으로 활용해야 한다.

03

육아 스트레스가 육아 우울증을 낳는다

"어린이집에선 선생님이 죽어라고 전화해 대지, 너는 죽어라고 전화 안 받아 처먹지. 손님들은 벌써 들이닥쳤지! 대체 나더러 어쩌라고 어?! 문자 한 통 하는 게 그렇게 힘드니? 전화 한 통 받아 주는 게 그렇게 힘들어? 뭐 쟤들은 나 혼자 낳았어? 왜 나만 혼자 독박 써야 되는 건데 왜~!!"

tvN에서 방영하는 〈아는 와이프〉 드라마 1회에 나오는 대사이다. 모든 여자들이라면 이 대사에 큰 공감을 할 것이라고 생각한다. 아이는 혼자 낳은 게 아닌데 일과 육아 모든 것을 책임지는 우진은 폭발하고 만다. 너무 일찍 엄마가 됐고, 너무 일찍 맞벌이 육아 현실을 맞이했다. 맞벌이를 시작했지만 생활은 나아지지 않았다. 두 살짜리와 돌배기 아이 육아는 굉장히 힘들었다. 늘 야근을 하는 남편에게는 도움도, 위로도 받지 못한다. 게다가 치매에 걸린 엄마까지 간호해야 한다. 혼자 너무나 외로웠고 스트레스를 받았다. 결국 분노 조절 장애 상태까지 이르렀다.

그런 모습을 보면서 남편 주혁은 이혼하고 싶다는 말을 친구에게 털어놓는다. 연애 때는 마냥 귀엽고 발랄하던 여자였는데 결혼, 육아를 하니 완전히 변해 버린 모습이 무섭다고 한다. 그렇다고 주혁이 육아를 안 한 것도 아니다. 퇴근하고 집에 와도 육아를 하느라 쉬지 못한다. 결국 부부 사이에 이혼이라는 생각이 들만큼 위기가 찾아왔다.

육아 스트레스는 무서운 것이다. 스트레스가 차곡차곡 쌓여서 육아 우울증으로 발전한다. 분노 조절 장애까지 온다. 자신도 이러면 안 된다는 사실을 알지만 그 순간의 분노를 참을 수가 없다. 남편도 힘들다는 사실을 알지만 내가 죽겠으니 남편의 힘듦은 보이지도 않는다. 알콩달콩 보내던 신혼 생활이 사라지고 잉꼬부부를 원수 같은 사이로 만든다. 일상생활까지 지장을 주게 된다. 나는 이 장면을 보면서 과거 내 모습이 떠올랐다. 나를 보는 것 같았다. 그리고 주위에도 이런 문제를 겪는 엄마들을 많이 봐 왔다.

부부 싸움은 아이를 낳고 나면 더 잦아진다. 육아를 하면서 서로 예민해지고 부부간의 대화 시간, 얼굴을 마주하는 시간이 점점 줄어든다. 육아에 관한 교육관이나 가치관에서도 충돌이 생긴다. 아이 앞에서는 싸우지 말아야 한다는 사실에 참다가 감정은 쌓여만 간다. 아이에게 신경쓰느라 자신도 모르게 서로에게 소홀해지면서 결국 아무것도 아닌 일들로 폭발하게 되는 것이다. 성격이 다른 두 사람이 만났으니 다투는 것은 당연한 일이다. 금방 풀면 되는데 아이가 있으니 이것조차 쉽지 않다. 대화 자체를 하기 힘들어지니 화해를 할 수 있는 기회도 줄어드는 것이다. 내 경우에는 남편이 대화를 시도하면 내가 나중에 하자고 했고 내가 대화를 시도하면 남편이 피했다.

남편은 출근을 하거나 사람들을 만나서 기분을 풀 수 있지만 엄마는 기분을 억누른 채 육아를 해야 한다. 속은 부글부글 끓어오르는데 겉으로는 웃어야 하는 엄마는 이중인격자처럼 느껴지기도 한다. 점점 더 서글퍼지고 우울해지는 것이다.

육아 우울증을 겪는 엄마들에게는 그 어떤 것보다 남편의 따뜻한 말 한마디, 위로가 필요하다. 매 순간 혼자 있지 않지만 극도로 외롭다. 외로운 사람에게는 위로해 주고 이야기를 들어주는 사람이 필요하다. 경제 상황이 좋지 않아서, 혹은 회사가 너무 바빠서 육아에 참여하지 못할 수도 있다. 그 사실은 분명히 이해한다. 어쩔 수 없는 상황이니까. 하지만 서로 한 발짝씩 물러나 대화하는 시간을 가지려고 노력해야 한다. 원만한 부부 관계를 유지하는 것이 가정의 평화를 지키는 지름길이다. 아내는 '예민'이라는 날카로운 칼날을 집어 넣고 남편은 아내의 말에 공감하며 들어줘야 한다. 처음 연애를 시작할 때, 서로에게 잘 보이려 하고, 배려하던 모습을 생각해 보자. 이해가 되지 않는 내용의 이야기라도 경청했고 공감해 주었다. 그때를 생각하며 연애하는 부부로 살기 위해 노력한다면 우울함은 줄어들 것이다.

어느 날, 남편에게 감사한 마음이 드는 날이 있었다. 그날도 남편은 저녁까지 회사에서 해결하고 왔다.

"오늘은 반찬 뭐 나왔어? 맛있었어?"

"아니, 회사 밥이 그렇지 뭐. 무슨 메뉴였나 기억 안 나. 그냥 먹었어."

그 순간 나는 남편에게 너무 미안했다. 나를 만나서 밥도 제대로 못 얻어먹는 남편이 불쌍했다. 그러면서 나는 야식으로 라면 하나 끓여 주는 것도 힘들다며 해주지 못했다는 사실이 속상했다. 우리 남편도 〈아는 와이프〉의 주혁처럼 충분히 화낼 수 있는 상황이었다. 그 순간 우리 남편에게 감사했다. 나에게 일주일에 한 번씩 외출할 수 있는 자유 시간을 주는 것이 너무 감사했다. 집에서는 남편을 못살게 굴었지만 사실 외출을 하거나 친구들을 만나면 남편을 자랑했다.

내가 친구들을 만나면 남편은 빨리 들어오라고 재촉하지 않았다. 전화도 잘 안 했다. "오랜만에 친구들 만나는데 더 놀다 와. 대신 들어올 때 맛있는 거 하나만 사 줘."라고 말했다. 친구들과 1박 2일로 부산 여행까지 다녀올 수 있게 육아를 맡아 주었다. 표현을 잘 못했지만 하고 싶은 것은 다 할 수 있게 해줬다. 묵묵히 받아 주는 남편이 있어서 나는 버틸 수 있었다. 지금도 가끔은 친구들을 만나고 오라고 먼저 얘기 해 준다.

얼마 전 기사에 SES 슈가 도박을 해서 6억 원의 빚을 졌다는 사실로 세상이 떠들썩했다. 슈는 세 아이를 키우는 엄마로 극심한 육아 스트레스를 경험했다. 일찍부터 유명해져 부러울 것 없는 삶을 사는 것만 같던 그녀도 육아에서는 어쩔 수 없었다. 모든 것을 내려놓았다고 고백했다. 하지만 육아 우울증은 도박이라는 잘못된 선택까지 하게 만들었다. 나는 이 기사를 보면서 같은 여자로서 참 안타까웠다. 얼마나 외롭고 힘들었을지 공감이 되었다.

육아 우울증이 오는 이유는 독박 육아를 하는 현실도 힘들지만 결국 외로움이 가장 큰 이유다. 외로운 사람에게는 공감과 위로가 필요하다. 마음을 조금이라도 알아주는 사람이 옆에 있다면 굉장한 힘이 된다. 그렇다고 부모님께 말하기란 쉽지 않다. 언제나 딸이 행복하게 살기를 바라는데 그렇지 않은 모습을 보인다는 사실도 불효라고 생각한다. 무심코 말하는 "우리 때는 너희 때보다 더 했어~. 엄마가 다 그런 거지."라는 말을 들으면 큰 상처를 받게 된다. 그마저도 친정엄마와 거리가 멀거나 상황이 안 되어 도움을 받지 못하는 경우가 많다.

그럴 경우에는 아이와 또래가 비슷한 엄마들과 자주 만나서 공동 육아를 하는 것도 추천한다. 공동 육아를 할 때에는 혼자 육아할 때보다 확실히 덜 힘들다. 아이도 사람들이 많으니 보채는 일도 줄어든다. 어린 아기라도 친구들을 보면 서로 신기하다는 듯 쳐다보느라 바쁘다. 똑같이 기저귀를 갈고 옷을 갈아입히는 데도 함께하는 사람이 있음에 즐거워진다. 혼자 대충 때우던 식사 시간도 함께하는 사람이 있어 즐거워진다. 혼자 육아할 때는 240시간 같던 하루도 어느새 다 저물어간다. 각자 집으로 돌아가면 그날 찍은 사진들을 공유한다. 그리고는 서로의 감정을 또 나눈다.

SNS, 맘카페 등을 통해 엄마들과 소통하는 것도 좋다. 내 아이의 사진을 올리고 다른 아이의 사진을 보면서 그동안 못 봤던 아이의 모습을 볼 수 있다. 자신보다 육아를 잘하는 엄마를 보면 배울 점도 있다. 육아 방식을 다르게 수정해 더 나은 육아, 우리 아이에게 더 잘 맞는 육아를 할 수 있다. 반대로 나보다 힘든 엄마들을 보면서 댓글로 위로를 해줄 수 있다. 동시에 좀 더 나은 나의 상황에 감사하게 된다. 답답하고 힘들기만 했던 육아 스트레스가 조금은 해소되는 것이다.

여기서 주의할 점이 있다. 남과 비교하여 자존감을 더 낮추는 행동을 해서는 안 된다. SNS, 맘카페 등은 사진과 글로만 보는 단편적인 모습이다. 고급 유모차, 명품 기저귀 가방, 명품 아기옷 등을 올리는 사진만 보면서 부러워하면 된다. 긍정적인 에너지만 주고받아야 한다. 얼굴도 모르고 누구인지도 모르지만 글로 서로 공감하고 응원하면서 우울했던 마음이 조금씩 치유될 수 있는 공간으로 활용해야 한다.

육아는 누구에게나 힘든 일이다. 육아 스트레스는 엄마라면 85% 이상이 한 번씩은 겪는 흔한 감정이다. 세상에 어떤 엄마도 육아가 적성에 맞는 사람은 없다. 아이 때문에 힘들고 외롭지만 결국엔 아이 때문에 극복할 수 있다. 나아가 행복해지는 일이 육아다. 일주일에 한 번, 하루 한 번 5분이라도 남편과 마주보고 대화할 수 있는 시간을 가져 보자. 자신의 감정을 알아 달라고 몸으로, 표정으로만 외치지 말고 자신을 위로해 달라고 부드럽게 말할 수 있는 시간을 가져 보자. 그것조차 힘들다면 나에게 연락하면 된다. 당신의 친구가 되어 주겠다.

04

하루 한 시간, 나만의 시간을 가져라

소소하게 낭비하는 재미라는 뜻을 가진 '탕진잼', 홧김에 충동적으로 소비를 하는 '홧김 비용' 이라는 신조어들을 자주 접할 수 있다. 소비를 통해 심리적 안정을 얻는 감정 소비와 관련된 말들이다. 〈벼룩시장 구인 구직〉에서 성인 남녀 1,096명을 대상으로 조사한 결과, 성인 10명 중 9명은 스트레스 해소를 위해 지출을 하는 감정 소비를 한다. 감정 소비를 위해 가장 많이 돈을 지출하는 항목은 23.9%를 차지한 옷, 신발, 가방 등 '의류 잡화'와 외식이다. 그래서 사람들은 스트레스를 풀기 위해 쇼핑을 하거나 맛있는 음식을 먹으러 가는 것이다.

많은 사람들이 '감정 소비로 스트레스가 해소된다면 그만큼의 가치가 있다.'고 생각한다. '나를 위한 투자라고 생각한다'는 의견도 많았다. 대부분 감정 소비에 긍정적이었다. 그런데 아이러니한 점이 하나 있다. '감정 소비를 하는 순간에는 스트레스가 해소되었지만 곧 통장 잔액을 보면 다시 기분이 나빠진다.'라는 의견이 52.3%로 절반 이상이 넘었다.

나는 이 결과를 보고 격하게 동의했다. 대부분의 사람들은 회사에서 받는 월급으로 빠듯하게 살아간다. 아이가 있는 집은 더 그렇다. 엄마들은 자신을 위한 소비를 줄이고 아이를 위해 먼저 소비를 하는 경우가 많다. 그 과정에서 자신을 위한 삶을 잃어버리는 사실을 발견하고 육아 우울증에 빠진다. 이처럼 굉장히 현실적인 엄마들에게 '탕진잼'이란 쉽지 않은 일이다. 나도 쇼핑을 할 때 좋았지만 카드값을 갚아야 할 생각을 하면 더 스트레스를 받았다.

소비를 하더라도 제대로 된 소비를 해야 아깝지 않다. 단지 스트레스를 풀겠다고 백화점에 가서 지금 당장 필요하지도 않은 물건을 사는 것보다 더 아까운 소비는 없다. 육아를 하면서 쇼핑을 할 수 있는 나만의 시간을 내는 것조차 쉽지 않은 일이다. 그런데 감정 소비를 한 후 스트레스를 더 받는다면 귀중한 시간과 돈을 모두 다 잃는 것이다. 쇼핑을 하는 것으로 육아 스트레스를 풀기로 했다면 후회하지 말아야 한다. 후회할 것 같으면 애초부터 다른 방법으로 스트레스를 풀어야 한다.

나는 나만의 시간에 쇼핑은 잘 하지 않는다. 인터넷 쇼핑은 개미지옥 같다. 화장품을 하나 사려고 인터넷 쇼핑을 시작하면 어느새 예쁜 원피스를 장바구니에 담고 있다. 순식간에 10만 원이 넘는 금액을 결제해 버렸다. 정작 필요한 화장품은 아직 보지도 못했다. 원래 목표는 달성하지도 못한 채 귀한 나만의 시간이 끝나 버려 허무하다. 아이 장난 감도 잘 사지 않는다. 그 어떤 장난감보다 엄마가 놀아 주는 것이 최고 라는 것을 알기 때문이다. 기저귀가 다 떨어져 갈 때 한 번씩 인터넷 쇼 핑을 한다. 그리고 오직 나를 위해서만 나만의 시간을 사용한다.

요즘 사람들은 나만을 위한 삶을 살기 위해 더 노력한다. 직장인들은 1 인 창업을 하기 위해 점심시간을 활용해서 단 30분이라도 나만의 시간 을 가진다. 결혼을 하지 않은 연인들에게도 각자 혼자만의 시간이 필요 하다. 결혼정보회사 듀오 조사에 따르면 미혼 남녀 78.4%는 결혼 후에도 혼자만의 시간이 필요하다고 생각한다는 조사 결과가 나왔다. 이 결과들 은 오직 나를 위한 나만의 시간은 누구에게나 필요하다는 것을 뜻한다.

SNS에 #홈카페라는 키워드를 검색해 보면 약 77만 건이 검색이 된 다. 홈카페족은 자신만의 라이프 스타일을 보여 주고자 하는 욕구가 강 하다. 그 욕구를 충족시켜 줄 수 있는 제품을 구매하고 공유한다. 홈카 페족은 가성비를 따진 커피를 사는 것이 아니라 나를 위한 가치 소비를 하는 것이다. 그들은 나만의 취향, 나만의 방법으로 커피 한잔을 마시 더라도 더 행복하기 위해 만족도를 높이는 것이다.

홈카페족처럼 그 시간을 더 가치 있게 만드는 가치 소비를 하는 경우 가 많아지고 있다. 그런데 우리 육아맘들은 엄마가 되었다는 이유로 이 러한 것들을 다 잊은 채 살아가고 있다. 하루 종일 육아에 지쳐서 생각할 틈이 없다. 점점 더 힘들어지고 우울해진다. 이제는 그 고정 관념에서 벗어나야 한다. 엄마는 육아만 해야 하는 사람이 아니다. 엄마도 고단

한 육아 일상에서 벗어나 나만의 시간을 가져야 한다.

꼭 어디를 가지 않아도 좋다. 홈카페족처럼 어떤 장소도 장비도 필요하지 않다. 주방이라도 식탁에 앉아서 그냥 나만 생각할 수만 있으면 된다. 하루 한 시간도 내 시간을 낼 수 없다는 것은 거짓말이다. 솔직히 드라마도 몇 편씩 보지 않는가? 주방에서 아이 이유식을 만들면서도 틈틈이 내 시간은 만들 수 있다. 그렇게 얻은 시간은 꼭 아깝지 않도록 보내야 한다.

아는 언니 D는 아들 둘을 키우는 전업주부이다. 전업주부라도 참 바빠서 집에만 있는 날이 거의 없다. 아이들을 어린이집에 등원시킨 후 대부분 예쁘게 꾸미고 나가서 자신만의 시간을 가지고 돌아온다. 언니는 취미로 홈패션을 배운다. 재봉을 배워 원단으로 아이 옷, 앞치마, 가방을 만들어 온다. 내가 가죽 공예로 아기 신발, 가방을 만든 것처럼 말이다. 아이들이 입은 옷들 중 일부는 언니가 직접 만든 옷이다. 팔아도 될 정도다. 기술을 배워 한두 번 만들면 집에서 혼자서 만드는 일도 가능하다. 언니는 판매는 하지 않지만 실제로 재봉을 배워 아기들 턱받이나 손수건을 제작해 판매하는 엄마들도 많이 있다.

언니의 또 다른 취미는 가구 제작이다. DIY 가구를 사서 직접 페인트칠을 한다. 원하는 컬러로 페인트칠을 하고 그림을 그리는 등 디자인을 한다. 언니 집에 가면 장롱, 협탁, 선반 등 여러 가지가 있다. 독특하면서 고급스러워 감탄을 했다. 베이킹이나 쿠키를 만드는 취미도 가지고 있다. 홈베이킹은 아이들과 함께할 수 있는 취미라 더 좋다. 반죽으로 모양을 만들어 쿠키가 완성되면 아이들은 너무나 좋아한다. 어린이집 생일 파티 같은 행사가 있는 날에는 언니가 직접 만든 쿠키를 답례품으로 제공한다. 언니는 자신만의 시간을 가치 있게 사용함으로써 육아 스트레스를 해소하고 있다.

나는 육아 스트레스를 겪을 때부터 지금까지 가죽 공예를 하며 나만의 시간을 보낸다. 울음을 그치지 않는 아이를 겨우 재운 후, 인터넷을 몇 주 동안이나 검색해서 얻은 취미생활이다. 아주 매력적인 사진을 찾았다. 내가 본 사진은 초록색 소가죽으로 만든 입생로랑 카드 지갑이었다. 그런데 명품을 산 것이 아니라 누군가가 직접 만든 것이었다. 명품 로고 대신 금색으로 자신의 이름이 찍혀 있었다. "이거다!"하고 소리쳤다. 내가 만든 나만의 명품이라니 갑자기 가슴이 뛰며 행복해지기 시작했다. 그리고 독서를 추가했다. 너무 바쁜 날에는 한 챕터라도 읽는다. 장르는 주로 자기 계발과 육아 서적이다. 육아 서적은 한 번씩 육아가 힘들 때, 아이가 원하는 것을 내가 몰라 주는 것 같은 느낌이 드는 경우에 읽는다. 내가 몰랐던 육아법을 알기 위해 육아 서적을 본다. 육아도 잘하려면 분명히 공부가 필요하기에 안 볼 수 없다. 그 외에는 자기 계발 도서를 본다. 육아 서적을 볼 때와는 전혀 다른 느낌이다. 육아 서적은 공감과 위로를 받았다면 자기 계발서는 꿈을 가질 수 있게 도와준다.

독서는 엄마로 살던 나를 여자로, 꿈을 가진 엄마로 살게 해주었다. 열정적인 여자로 만들어 주었다. 긍정 마인드를 갖게 해주었다. 육아 우울증에 시달려 짜증투성이었던 나를 활기차게 만들어 주었다. 내가 봐도 나는 많이 달라졌다. 아이를 대하는 태도가 달라졌다. 당연히 아이도 밝아졌다. 독서를 하면 책에 빠져들어 나에 대해 더 깊게 생각해 보게 된다. 책속의 주인공과 나를 비교하면 응원과 위로를 받기도 한다. 어느새 육아 스트레스가 사르르 녹아 없어져 간다.

독서는 그 어떤 소비보다 아깝지 않은 가치 소비이다. 책은 우리 아이 티 한 장보다 저렴하다. 티 한 장도 잘못 구매하면 한 번 입고 못 입는 경우도 많다. 그에 비해 책은 저비용으로 엄청난 가치를 얻을 수 있다. 책에서 얻은 깨달음과 생각은 손톱만큼도 낭비 없는 소비이다. 다 내 머릿속으로, 마음속으로 저장된다. 책을 잘 안 읽던 사람들에게 독서를 하라고 하면 거부감이 들 수 있다. 사실 나도 독서라고는 담을 쌓았던 사람이다. 1년에 1권도 책을 읽지 않았던 것 같다. 그랬던 내가 지금 책을 쓰고 있는 것만 봐도 엄청난 변화이다.

육아를 하는 엄마들, 육아 스트레스에 힘들어하는 엄마일수록 하루 한 시간, 나만의 시간을 꼭 가져야 한다. 의도적으로, 어떻게 해서든지 만들어야 한다. 모든 일에는 때가 있는 법이다. 육아 스트레스를 받는 지금이 적기이다. 그 순간을 놓치지 말고 자신이 진짜 원하는 것이 무엇인지 먼저 생각해 봐야 한다. 차 한잔 마시기, 멍하게 가만히 있기, 잠자기, 독서하기, 취미 생활 찾기 등 무엇이든 힐링할 수 있는 시간을 가지는 것이다. 그 시간들은 자신을 더 생각해 보게 한다. 나아가 어떤 방법으로 내가 더 발전할 수 있을지, 더 행복한 삶을 살 수 있는 방법은 무엇인지 생각해야 한다.

05

가계부가 아니라 일기를 써라

가계부를 써서 살림살이가 좀 많이 나아지셨나요?

　많은 사람들이 가계부를 작성하는 이유는 돈을 아끼기 위해서다. 나도 모르게 새어나가는 불필요한 지출을 막기 위해 가계부를 작성한다. 처음에 작성할 때에는 지출을 줄일 수 있는 부분을 상당히 많이 발견한다. 그런데 이상하게 살림살이가 그다지 나아지지 않는다. 계속 가계부를 작성하다 보면 줄이고 줄였는데도 타산이 맞지 않는 생계에 한숨이 나온다. 어디서 지출을 더 줄여야 할지 막막해 머리를 쥐어뜯게 된다. 고된 육아를 끝내고 육아 퇴근을 했는데 머리가 아파 온다.

　물가는 계속 올라가는데 수입은 물가 상승률을 따라가지 못한다. 아무리 아껴도 결국 마이너스 생활을 하게 된다. 그렇다고 우리 아기 기저귀를 안 살 수도 없는 노릇이다. 가계부를 작성하여 우리 가정의 지출의 흐름을 파악하는 것은 좋다. 불필요한 지출은 줄이고 제대로 소비를 하는 것은 대찬성이다. 더 이상 '티끌 모아 태산'이라는 말이 통하지 않는 세상이다. 내가 보기엔 '티끌 모아 티끌'이다. 그 티끌을 어떻게 소비해야 태산을 끌어올 수 있을지를 생각해야 한다.

세세한 가계부를 작성하기보다는 고정 지출은 따로 빼고 변동 지출에서 생활을 한다. 가계부는 그 정도로만 작성하고 머리를 쥐어뜯는 시간에 나를 돌아보는 시간을 가져야 한다. 나를 돌아보는 시간에는 일기를 써야 한다. 엄마들은 모든 순간에 아이가 함께한다. 자연스럽게 육아 일기를 쓰게 된다. 어떤 것이든 좋다. 일단 일기 쓰기를 시작해 보는 것이다.

육아 일기를 쓰면 그냥 지나칠 뻔했던 아이의 감정, 성장을 볼 수 있게 된다. 육아를 하면서 엄마가 느꼈던 감정과 태도를 다시 볼 수 있게 된다. 그 과정에서 엄마는 반성해야 할 점을 발견한다. 잘했다고 생각되는 부분은 셀프 칭찬을 해줌으로써 더 성장하는 엄마가 될 수 있다.

요즘은 임산부들도 태교 일기를 작성한다. 노트를 따로 만들어 글로 쓰기도 하고 블로그나 SNS에 작성하여 다른 엄마들과 공유하기도 한다. 개인적인 취향이겠지만 나는 공유하는 방법도 좋다고 생각한다. 같은 엄마 입장에서 다른 사람의 일기를 보며 위로를 받기도 하고 주기도 한다. 얼굴도 모르고 나이도 모르지만 서로를 응원하는 친구가 된다.

일기 쓰기를 시작했다면 다음은 감사 일기를 써야 한다. 매일 작은 일에서 감사함을 찾는 것이다. 감사 일기를 쓰기 시작하면 엄마의 마음가짐이 달라진다. 매일 힘들고 불평만 하던 생활에서 장점만 보려고 노력하게 된다. 좋지 않은 상황이었지만 긍정적으로 생각하게 된다. 긍정 마인드를 갖게 되면 육아는 더 이상 힘들지 않게 된다. 더 긍정적으로 나아갈 수 있는 방법과 방향을 찾게 된다.

나는 감사 일기를 작성하면서 많은 변화가 있었다. 지금 돌아보니 나는 참 불평, 불만이 많은 사람이었다. 그동안 긍정적이라고 착각하며 살아왔다. 한 시도 가만히 있지 않는 우리 아이를 보며 제발 좀 얌전히 있으라며 불평했었다. 이제는 건강하기 때문에 에너지가 넘치는 것이라고 생각한다. 아프지 않고 건강하고 밝은 성격임에 감사한다. 밥도 못할 정도로 달라붙는 아이에게 제발 밥 좀 하게 해달라며 불평했었다. 이제는 우리 아이가 엄마와 한시도 떨어져 있고 싶지 않을 만큼 좋아하고 사랑한다는 사실에 감사하다.

하루는 아이를 어린이집에 등원시키고 남편과 함께 병원에 가려고 집을 나섰다. 차 시동을 걸자마자 어린이집에서 전화가 왔다. 어린이집에서 전화가 오는 것은 대개 안 좋은 일이 있다는 뜻이다. 원장 선생님은 아이가 담임 선생님과 어부바 놀이를 하고 난 후에 팔이 아프다며 계속 울고 있다고 했다. 바로 어린이집으로 가서 아이를 데리고 대학병원으로 갔다. 근처에 괜찮은 소아정형외과 정보를 몰라 일단 큰 병원으로 간 것이다. 아이는 왼쪽 팔을 축 늘어뜨리고 손만 대도 울었다. 계속 안겨 있었다. 아파서 힘이 없는 아이를 보는 것은 체력적으로 힘든 것보다 백 배, 천 배는 더 힘들다.

대학 병원에 도착해서 접수를 하려는데 예약이 꽉 차서 당일 진료는 어렵다고 했다. 그때서야 근처에 있는 소아정형외과를 찾아 방문했다. 하필 점심시간이 다 되어가는 시간이라 마음이 급했다. 그런데 다행히도 가까운 곳에 있었고 점심시간 전에 방문, 진료가 가능했다. 곧바로 가서 의사 선생님을 만났다. 축 늘어뜨리고 있던 왼쪽 팔꿈치 부분이 팔이 빠졌다고 했다. 아이들은 관절이 연해서 이런 일이 잘 생긴다고 했다. 바로 조치를 해주셨고 아이는 울다가 울음을 뚝 그쳤다. 그 즉시 쌩쌩하게 에너지 넘치는 아이로 돌아왔다.

그날도 나는 감사 일기를 썼다. 차를 타고 아직 출발하지 않았을 때 어린이집 원장님의 전화를 받았다는 사실에 감사했다. 점심시간이 다가와 아이가 더 오래 아파했을 뻔했는데 바로 조치가 가능해서 감사했다. 심하게 아프지 않고 금방 에너지를 찾은 아이의 모습을 보며 감사했다. 이 순간도 불평하려면 얼마든지 불평할 수 있었다. 어부바 놀이를 해서 팔이 빠지게 된 상황을 선생님께 불평할 수도 있었다. 그렇게 큰 대학 병원에서 바로 진료를 볼 수 없다는 사실에도 불평할 수 있었다. 하필 점심시간이 겹쳐 조급하던 시간도 불평할 수 있었다.

하지만 불평한다고 뭐가 달라지는 것이 있었을까? 부정은 부정을 끌어당긴다. 부정적으로 생각하면 상황은 더 부정적으로 흘러간다. 그 상황 속에서도 감사하다고 생각하고 감사 일기를 썼기 때문에 나도, 아이도 하나의 에피소드로 넘어갈 수 있는 단단한 사람이 되었다. 놀이를 하면서도 더 주의해야 하는 사실에 대해 배웠다.

연예계 소문난 잉꼬부부 정혜영−션은 매 순간 감사하며 사는 아름다운 부부이다. 다음은 잡지 〈여성중앙〉에 실렸던 션의 인터뷰 내용 중 일부이다.

　"아무리 좋은 일에도 불평할 일이 생겨요. 아무리 안 좋은 일이라 해도 그 안에 분명히 감사할 일도 있고요. 저는 감사한 일을 찾아내는 편이에요. 그러다 보면 힘든 일이나 불평할 일들이 작아 보여요. 혜영이와 함께할 때도 그래요. 우리가 어떻게 생각하느냐에 따라 다르게 살아낼 수 있는 거죠. 꼭 모든 게 안 좋아서 힘든 게 아니고, 지금 많은 좋은 일들이 있음에도 안 좋은 것들을 바라보고 살아서 힘들 수도 있어요. 가령 혜영이에게 99가지 좋은 점이 있고, 한 가지 나쁜 점이 있다고 해 볼게요. 나쁜 점만 바라보면 일상이 행복하지 않아요. 그 시간에 99가지를 칭찬하고 살면 나도 혜영이도 행복해지는 거죠."

　선−정혜영 부부가 서로에게 감사하며 잉꼬부부로 살아가듯 엄마와 아이 사이의 관계에도 가능하다. 엄마와 아이에게 99가지는 좋은 점, 한 가지가 나쁜 점이었다면 99가지 좋은 일에 감사하는 것이다. 사소하고 작은 일이라도 감사하면 감사한 일은 자꾸만 늘어 백가지 좋은 일로 가득하게 된다. 매일 발견하는 감사한 일을 꾸준히 일기로 써 보자. 거창하지 않아도 된다. '창문을 바라봤는데 하늘이 맑아서 감사하다.'라는 것도 좋다. 이렇게 사소한 일상이라도 감사하는 마음을 일기로 쓰는 것이다. 어느 정도 시간이 지나 다시 읽어 보면 점차 마음이 풍요로워진 내 모습을 볼 수 있다. 자신도 모르게 성장한 모습을 발견한다. 마음이 풍요로워지면 외면으로 표현된다. 여유 있는 행동과 표정을 보이게 된다.

오늘이 마지막이라 생각해 보자. 더 이상 불평, 불만을 늘어놓으며 살기엔 너무 아까운 삶이다. 가계부를 작성하며 어떻게 하면 더 아낄까 머리를 쥐어뜯기엔 시간이 너무나 아깝다. 작은 돈이라도 나를 위해, 내 아이를 위해 어떻게 사용해야 더 행복한 삶을 살 수 있을지 생각해 봐야 한다. 육아 퇴근 후 일기 쓰기는 팍팍한 생활 속에서 어느새 잊혀진 초심을 다시 불러올 것이다. 초심을 이루기 위해 앞으로 펼쳐질 행복한 삶을 계획하게 될 것이다.

육아 일기가 아니라 미래 일기를 써라

"첫째 아들이니까 둘째는 딸 낳아야지?"

공방에서 한참 가죽 재단을 하고 있는데 선생님이 물어보셨다. 육아 우울증을 겪던 나는 가장 듣기 싫었던 말 중 하나이다. 아이 하나로도 이렇게 힘들어 죽겠는데 둘째라니? "저는 지금 전혀 생각 없어요. 지금 도 너무 힘들고 아이한테 전념할 자신도 없어요. 제가 더 소중해요."라 고 대답했다. 이렇게 대답했지만 막상 아이가 없다고 생각하면 나는 살 아갈 수 없을 것이다. 내가 더 소중하다는 말은 아이가 소중한 만큼 나 도 소중히 여겨야 더 행복한 육아를 할 수 있다는 뜻이다. 내가 먼저 행 복해져야 아이도 행복하다는 사실을 경험으로 깨달았기 때문에 나온 말이었다.

나를 찾기 위해 시작한 취미 생활을 계속하면서 꿈이 생겼다. 내가 만든 제품을 판매해야겠다는 꿈이었다. 내가 배운 이 기술로 즐겁게 일하며 돈을 벌어야겠다고 생각했다. 그렇게 생각하니 가슴이 뛰었다. 내가 디자인하고 내가 만든 제품을 사람들이 돈으로 산다는 사실은 생각만 해도 뿌듯했다. 나의 감각과 실력을 인정받는다는 생각에 행복했다. 이미 엄청난 사람이 된 것 같았다. 육아를 하는 현실에 더 많은 시간을 투자할 수는 없었지만 더 열심히 배우고 더 몰입할 수 있었다. 단 5분이라는 자투리 시간도 허투루 보내지 않고 활용했다.

대부분 엄마들은 육아를 하게 되면 꿈을 잃는다. 아이를 낳고 엄마라는 사람으로만 살기 위해 태어난 것이 아닌데 아이를 위해 살다가 꿈을 잃어버린다. 충분히 이해는 된다. 육아를 하는 것만으로도 하루는 모자라고 충분히 바쁘다. 하지만 엄마도 꿈을 가져야 한다. '애 엄마가 애는 안 보고 무슨….' 이라는 말을 듣기도 한다. 엄마가 꿈을 가지고 꿈을 위해 노력한다는 것은 일정 부분 육아를 내려놓아야 함을 뜻한다. 그럼에도 꿈을 가져야 하는 이유는 엄마도 엄마의 인생이 있기 때문이다. 꿈이 없이 살 때보다 잠을 못 자더라도 오히려 활력이 넘친다. 엄마도 살아 있음을 느낄 수 있기 때문이다.

많은 엄마들이 SNS에 공유한 육아 일기를 읽어 보면 그날의 육아를 돌아보며 깨달음을 얻는다. 대부분 '내일은 더 재미있게 놀아 줄게.', '내일은 더 잘 지내 보자.'라는 내용으로 마무리된다. 모두 더 재미있는 하루, 더 잘 지내는 하루로 내일의 목표를 정했다. 그 목표를 이루기 위해 내일은 무엇을 하며, 어디를 가서 재미있게 보낼지 계획한다. 다음 날이 되면 계획한 대로 하루를 보내고 어제보다 더 즐거운 하루를 마무리한다. 결국 매일 반복되는 육아 일기가 미래 일기이다.

　이렇듯 일기를 쓸 때에는 미래 일기를 써야 한다. 대신 이제는 육아 일기에 내가 이루고 싶은 나의 모습, 삶의 목표를 추가하는 것이다. 가정 형편이 좋지 않거나 학력이 낮아도 상관없다. 3년, 5년, 10년 후 내가 원하는 모습을 목표로 정한다. 목표를 이루기 위해 먼저 이뤄야 할 일이 있다. 그 일은 세부 목표가 된다. 세부 목표는 1년, 2년 뒤에 이룰 수도 있고 당장 내일 이룰 수도 있다. 가장 가까운 미래에 이룰 수 있는 목표부터 이루어 나가야 한다. 하나하나 이룸으로써 매일 더 나아지는 나를 만날 수 있다. 매일 더 발전한 내가 되고 나는 어느새 꿈의 문턱까지 가 있을 것이다.

　나는 부모님, 선생님, 교수님들로부터 미래에 꿈이 무엇인지, 어떤 삶을 살고 있을지에 대한 질문을 많이 받으며 자랐다. 초등학교, 중학교에서는 장래 희망이 무엇인지에 대해 생각하고 발표하는 시간이 꼭 있었다. 고등학교, 대학교, 심지어 대학원에서까지 10년 뒤, 20년 뒤, 30년 뒤의 미래에 나는 어떤 삶을 살고 있을지에 대해 조금 더 구체적으로 상상해 보라는 과제를 많이 받았다. 이미 어릴 때부터 미래 일기를 썼던 셈이다. 그렇게 정한 미래가 진로가 되어 무슨 학과를 가야 하는지, 어떤 일을 해야 하는지 방향을 정했다.

　그때의 나는 미래란 아주 먼 일이라고 생각했다. 그래서인지 깊게 생각을 하지 않았다. 그때 내가 생각한 미래의 나는 결혼, 출산, 육아, 워킹맘으로 살아가는 평범한 삶이었다. 전혀 특별하지도, 구체적이지도 않은 미래였다. 그때가 되기 전에 다시 생각하면 된다고 믿었다. 그랬던 미래가 나에게 이렇게 빨리 올 줄 몰랐다. 과제로 하더라도 미래를 다시 생각할 기회가 없었다. 어떤 일을 하고, 어떤 감정으로 살아갈지 구체적으로 그리지 않은 미래가 정말로 결혼 후의 내 모습이 되었다.

미래 일기는 일어나지 않은 일을 기록하는 것이기 때문에 아주 구체적으로 써야 한다. 예전에 내가 대충 그렸던 미래처럼 구체적이지 않으면 또 그냥 그렇게 살게 된다. 꿈이 너무 크거나 이룰 수 없다고 생각하고 작게 시작하면 안 된다. 어릴 때부터 "꿈은 크게 꾸는 것이다"라는 말을 들으며 살아오지 않았는가? 사람은 누구나 무한한 잠재 능력을 가지고 있다. 의지만 있으면 내가 마음먹은 대로 이루어 나갈 수 있는 잠재 능력이 발휘된다.

정혜영-션 부부의 션은 결혼 전부터 지금의 삶을 그려 왔다고 한다. 네 명의 아이, 아름다운 아내와 매일 행복하게 사는 삶. 션이 롤모델로 삼았던 가정은 네 명의 아들이 있는 가정이었다. 자신의 삶을 그리기 시작한 지 10년 후 네 명의 아이와 아름다운 아내와 매일 행복하게 사는 삶을 살고 있다. 아들 둘, 딸 둘로 더 업그레이드된 삶을 살고 있다. 션은 자신이 그려 왔던 완벽한 가족의 모습 그 이상을 이루었다고 말한다. 앞으로 더 행복하게 살 일만 남았다고 했다.

션은 자신의 행복한 삶의 목표를 정하고 그렇게 이루어 살고 있는 가정을 롤모델로 삼았다. 그리고 끊임없이 상상했고 이루어졌다. 상상의 힘은 대단하다. 상상을 계속할수록 우리 뇌는 현실과 구분하지 못한다. 반복적으로 상상하고 이루었다고 생각하여 미래 일기를 쓰면 우리 뇌는 이미 그렇게 되었다고 믿게 되는 것이다. 상상을 말로 표현하고 글로 쓰면 그 효과는 배가 된다. 더 명확하게 목표가 설정되고 더 빠르게 이룰 수 있는 원동력이 된다. 상상한 대로 이루기 위해 우리 몸은 반응하고 행동하게 된다.

내가 맨 처음에 쓴 미래 일기는 다음과 같다.

2021년 10월 16일 토요일, 내 생일에 100여 명의 엄마들을 대상으로 강연을 한다. 자신감이 넘치고 당당한 모습이다. 강연을 마치면 개인적으로 만나기 위해 명함을 받아 간다. 행복한 엄마가 되기 위해 컨설팅을 신청한다. 남편, 아이에게 예쁜 꽃다발을 받는다. 집으로 돌아와서 남편이 차려 준 생일상을 저녁으로 먹는다. 미역국이 아주 진하고 맛있다. 달콤한 딸기 케이크와 함께 향이 좋은 레드 와인을 마신다. 지후가 "엄마, 생일 축하해! 사랑해!"라며 뽀뽀를 해준다. 다음 날은 결혼기념일 기념 여행을 가는 날이다. 장소는 신혼여행으로 못 갔던 하와이이다. 캐리어에 짐을 챙기고 일찍 잠자리에 든다.

내 인생은 내가 만드는 영화이다. 엔딩은 이미 정해 놓았다. 더 감동적이고 멋진 엔딩으로 장식하기 위해 스토리를 꾸며 가는 것이다. 성공한 사람은 특별해서 성공하는 것이 아니다. 행복한 사람도 특별해서 행복한 것이 아니다. 자신이 '특별하다'고 믿고 이미 '행복하다'라고 믿기 때문에 가능한 것이다. 목표를 정하고, 상상하고, 이루려고 노력했기 때문에 얻은 것이다.

미래 일기는 한 번만 써 봐도 가슴이 뛰는 신기한 경험을 하게 된다. 지금과는 달라진 삶을 상상하게 될 것이다. 지금 당신의 모습과는 달리 언제나 에너지 넘치고 밝은 표정의 여자가 보일 것이다. 당신을 자랑하느라 남편의 어깨는 한껏 힘이 들어갈 것이다. 아이는 언제나 활기차고 행복한 표정으로 당신에게 달려올 것이다. 당신 덕분에 가정은 더 행복해졌다. 이미 꿈을 이룬 멋진 여자, 멋진 엄마, 멋진 아내가 된 것 같은 기분이 들것이다.

07

엄마도 꿈이 있는 여자다

학창 시절 나의 꿈은 스튜어디스였다. 2003년에 방영되었던 《요조숙녀》라는 드라마에 스튜어디스로 나온 김희선을 보고 반해 버렸다. 유니폼을 갖춰 입고 미소를 띠며 당당하게 걷는 여자! 일을 하면서 세계 여행을 하는 여자! 누가 봐도 예쁘고 멋진 여자였다. 여자라면 누구나 한번쯤은 꿈꿔 보는 직업일 것이다. 나는 168cm로 키가 크다. 어릴 때부터 잘 웃고 밝다는 이야기를 많이 들었다. 어느 정도로 잘 웃었는가 하면 고등학교 1학년 담임 선생님께서 '빙그레'라고 별명을 지어 주실 정도였다. 항상 웃고 있는 얼굴이라며 붙여 주신 별명이다.

스튜어디스의 이미지를 생각해 보았다. 깔끔한 머리와 깔끔한 화장, 항상 미소를 띠는 밝은 얼굴. 키는 162cm 이상으로 날씬해야 한다. 예쁜 얼굴은 아니었지만 스튜어디스가 되기 위한 조건에 안 맞는 것은 없었다. 다른 꿈은 생각하지도 않고 고등학교 시절을 보냈다. 고등학교 3학년 때에는 인하공업전문대학 항공운항과로 진학하기 위해 스튜어디스 양성 학원을 다녔다. 그때가 150일 정도 남았을 때였다. 내신은 보통 정도는 되었으니 걱정하지 않았다. 수능공부에 매진해야 하는 고3이었지만 내 꿈을 위해 스튜어디스 학원을 다녔다.

그런데 몰랐던 사실을 알게 되었다. 그 당시 항공운항과는 2년제인 전문대학에만 개설되어 있었다. 특채로 채용되는 경우도 있었지만 소수였다. 입사한 후에는 4년제 대학교를 나와 채용된 다른 승무원들과는 연봉, 진급년수 등 대우가 다르다는 것이었다. 지금은 이런 격차는 사라진 것으로 알고 있다. 결국 나는 조금 더 길게 보고 항공운항과는 포기하고 일반 4년제 대학교에 진학하기로 했다. 학과는 상관이 없었고 영어 공부만 하면 되기 때문이다.

대학교에 입학한 후 또 다른 꿈이 하나 생겼다. 바로 '내 돈으로 유럽 자유 여행 하기'였다.

대학교 3학년 여름 방학부터 롯데백화점 닥스 매장 직원으로 아르바이트를 했다. 그동안 나는 아르바이트를 해본 적이 없었기 때문에 아르바이트를 한다는 사실만으로도 신이 났다. 방학에는 주 6일을 출근했고 개강을 하면 주말에만 출근을 했다. 다른 아르바이트보다 시급이 높아서 선택했다. 설레는 마음으로 시작한 아르바이트는 굉장히 힘들었다. 백화점 오픈 시간은 오전 10시 30분이지만 나는 오전 9시까지 출근해서 청소, 상품 진열 등 여러 가지 일을 했다. 백화점이 오픈되면 마감 시간인 오후 8시~8시 30분까지 온종일 서 있어야 했다.

게다가 내가 일했던 닥스 매장은 전국에서 매출 1위를 하는 매장이었다. 하루 1,000만 원 정도의 매출은 보통이었다. 주말이면 상품을 찾으러 창고에 수십 번 뛰어다녔다. 2개월 동안 살이 5kg이나 빠질 만큼 몸이 힘들었지만 힘든 줄을 몰랐다. 유럽 여행을 가겠다는 꿈이 있었기 때문이다. 프랑스의 샹제리제 거리를 거니는 내 모습을 상상하니 이 정도는 참을 수 있었다. 드디어 500만 원 이상의 돈을 모았다. 꿈에 그리던 유럽 여행을 시작하기 위해 비행기에 올라탔다.

비행기에 올라탄 순간 또 다른 나의 꿈, 스튜어디스가 여러 명 있었다. 꿈꿔 왔던 모습 그대로였다. 너무나 예뻤다. 그런데 그때부터 스튜어디스가 되겠다는 꿈을 접었다. 유럽 여행을 가기 위해서는 14시간을 비행해야 한다. 앉아만 있는 데도 좁고 불편했다. 그런데 스튜어디스들은 높은 하이힐을 신고 오랜 시간 동안 서비스를 했다. 나는 어쩌다 한 번이지만 스튜어디스는 그 갑갑한 공간을 매일 오르락내리락해야 한다. 멋진 모습 뒤에 숨겨진 그늘을 보았다.

그리고 나는 '내가 왜 스튜어디스가 되고 싶었지?' 라고 나에게 질문을 던졌다. 가장 큰 이유는 여행을 많이 다닐 수 있기 때문이었다. 그런데 나는 지금 스튜어디스가 되지 않았어도 여행을 하고 있었다. 굳이 스튜어디스가 되지 않아도 되겠다고 생각했다. 더 만족하고 행복한 일을 하면서 여행을 하겠다고 다짐했다. 그렇게 유럽 여행을 하면서 꿈 하나를 이루고 또 다른 꿈 하나는 접었다. 그렇지만 유럽 여행을 하겠다는 꿈을 이루어서 너무나 행복했다. 그 이후 즐거웠던 대학 생활을 마치고 졸업을 했다. 평범한 회사원이 되었고 결혼을 했다. 아이를 낳고 육아를 하는 엄마가 되었다.

　학창 시절부터 꿈을 가지고 꿈을 이루겠다고 살아온 나는 언젠가부터 보이지 않았다. 꿈꾸는 여자가 아닌 그저 엄마였다. 전투 육아에 지쳐 힘들어하고만 있었다. 현실에 나를 맞춰 특별한 노력 없이 살고 있었다. 집에서 아이를 키우며 남편이 벌어 오는 월급으로 아끼며 생활하고 있었다. 아이가 잠들면 나는 집안일을 했다. 청소, 빨래, 설거지 등 집안일은 끝이 없었다. 그렇게 하루 일과를 마치고 나면 '나 오늘 뭐 했지?'라고 생각했다. 육아도 하고 집안일도 하며 바쁘게 보냈는데 무언가 허무했다. 공허했다.

　나는 살림만 하는 엄마가 되고 싶지 않았다. 자존감이 높은 당당한 여자이고 싶었다. 아이에게는 꿈을 이루기 위해 열정을 다하는 엄마로 보이고 싶었다. 아이가 "나는 엄마처럼 살 거야. 엄마가 최고로 멋져!"라고 말하는 엄마가 되고 싶었다. 그런데 내 모습은 전혀 그렇게 보이지 않았다. 꿈도 열정도 없는 그냥 그렇게 사는 우울한 주부의 모습이었다.

　엄마들은 아이에게 꿈을 가지라고 말한다. 꿈과 목표를 가지고 이루기 위해 노력해야 한다고 말한다. 꿈과 목표는 클수록 좋다고 한다. 꿈을 향해 달려가고 노력하면 엄마는 물심양면으로 도와주고 밀어준다. 나도 그런 말들을 들으며 자라왔다. 꿈을 이루겠다고 부모님께 말씀드

리면 무조건 밀어주셨다. 그렇게 지지를 받으며 자라왔음에도 나는 꿈을 잃어버렸다. '영혼 없는 삶' 이었다.

'생각대로 살지 않으면 사는 대로 생각하게 된다' 라는 말이 있다. '꿈이 있는 엄마는 늙지 않는다'라는 제목의 책도 있다. 생각은 행동을 하게하고 열정을 갖게 한다. 아이들의 모습이 열정이 넘치는 것처럼 엄마도 그렇게 되는 것이다. 열정이 있는 엄마는 표정이 환하다. 이룰 수 없을 것 같았던 일들도 해낼 수 있게 된다. 뉴스나 기사를 보다보면 70대 할머니도 검정고시에 합격하고, 가수가 되고, 글을 써서 작가가 되었다는 소식도 심심치 않게 접할 수 있다. '마음만은 청춘이다.'라는 말처럼 겉모습은 주름이 있는 할머니일지라도 꿈이 있었기에 젊은 사람들도 하기 어려운 일들을 해낼 수 있었던 것이다. 할머니도 가능한 일들은 젊은 나이에 꿈도 없이 현실에 맞춰 살아가기엔 억울하지 않을까?

그렇다면 다시 꿈을 찾기 위해 어떻게 해야 할까? 나만의 시간에 버킷리스트를 작성하는 것이다. 종이와 펜을 들고 자신이 관심 있는 것, 하고 싶은 것, 가지고 싶은 것, 이루고 싶은 것 등을 종이에 적어 보자. 먼 미래든, 내일 당장 이루고 싶은 것이든 상관없다. '이룰 수 있을까?', '이건 안 될 것 같아.'라는 생각은 접어두고 무엇이든 적어보자. 그렇게 작성된 버킷 리스트에서 쉽게 이룰 수 있는 꿈부터 이루고 성취해 보자. 하나씩 이루어 나가다보면 어느새 다 이루고 더 큰 목표들로 가득 찬 버킷리스트를 작성하고 있을지도 모른다. 엄마의 눈은 다시 반짝반짝 빛나게 된다.

꿈이 있는 엄마는 지치지 않는다. 일과 육아를 함께 한다는 건 분명히 더 바쁘고 힘들다. 하지만 정신이 말짱해진다. 마음도 풍요로워진다. 행복해진 엄마는 행복한 마음으로 아이를 보게 된다. 짧은 시간이지만 아이에게 더 몰입하게 된다. 아이는 자신을 좋아하는 사람을 좋아한다. 영혼 없이 안아 주고 대충 놀아 주는 사람이 아닌 짧은 시간이지만 아이만을 위해 재미있게 놀아 주는 사람을 좋아한다. 사람은 누구나 표정이 어둡고 우울한 사람을 좋아하지 않는다. 아이도 마찬가지이다. 더 행복한 아이, 행복한 육아, 행복한 엄마가 되고 싶다면 꿈을 가져야 한다.

08

내 삶을 바꾼 육아 스트레스

사람들은 살면서 "스트레스 받는다."라는 말을 참 많이 사용한다. "스트뤠쓰~!"라는 유행어가 생길정도이다. '만병의 근원'이라고 불리기도 한다. 스트레스란 무엇일까? '생활을 하면서 외적, 내적 자극으로 인해 신체와 심리적으로 긴장 상태를 일으킨 상태.'라고 할 수 있다. 스트레스는 보통 부정적인 상황들에서 많이 받게 되며 나쁘다고만 생각을 하는 경향이 있다. 하지만 스트레스도 좋은 스트레스와 나쁜 스트레스, 두 가지가 있다. 좋은 스트레스는 당장은 힘들지라도 적절히 대응하고 극복함으로서 앞으로 더 나은 자신의 삶을 살 수 있는 것이다. 나쁜 스트레스는 극복하기 위해 대처하고 노력해도 계속되는 스트레스이다. 불안, 우울 등의 증상을 느끼게 되는 것이다.

즉, 스트레스도 적당히 있어야 우리 삶의 원동력이 된다. 가끔은 인생에 이벤트도 있어야 재미있는 법이다. 여자라면 누구나 고민인 헤어스타일을 예로 들어보겠다. 머리를 기르다보면 잘 상하게 되고 많이 빠지게 된다. 이 사실에 스트레스를 받아 단발로 잘라 이미지 변신을 하기도 한다. 더 잘 어울리고 깔끔하다며 칭찬을 받는다면 기분은 더 좋아진다. 이렇게 자신을 변화시키고 기분전환을 시켜주는 것이 스트레스라는 것이다. 그런데 이런 스트레스가 없는 삶은 어떨까? 매일 똑같은 하루와 변화가 없는 식상한 자신의 모습에 무기력감, 권태감을 갖게 되는 것이다.

육아를 하는 엄마들이 주로 "스트레스를 받는다."라고 말 하는 상황들을 살펴보자. 부부 싸움, 아이가 떼를 쓰는 상황, 경제적인 어려움, 엄마가 원하는 것을 할 수 없는 상황 등이 있다. 그 중 가장 큰 스트레스는 '나를 잃는 것 같다.'라는 사실일 것이다. 이러한 상황들이 나쁜 스트레스로 이어지면 육아 우울증에 걸리게 되는 것이다. 하지만 나를 찾기 위해 노력하는 엄마는 육아 스트레스를 통해 자신의 삶을 바꾸게 되는 것이다. 나 역시도 인생의 터닝포인트가 되었다.

내가 취미생활을 처음 시작할 때 독학을 했다. 아무것도 할 줄 아는 것이 없었지만 나름대로 동영상을 몇 번씩 반복하면서 완성했다. 5분만 틈새 시간이 생겨도 취미 생활을 했다. 밤에 아이가 완전히 잠든 후에는 새벽 3시가 되도록 몰입했다. 아이가 새벽에 깨서 울 때는 그렇게 힘들었는데 가죽 공예에 몰두할 때는 잠을 안 자도 졸리지 않았다. 처음에 완성한 지갑은 지금 사용하기엔 조금 부끄럽지만 처음 치고는 잘 만든 편이다. 그래도 직접 만들어보니 더 자세하고 고급 기술을 익힐 필요가 있었다.

남편에게 육아를 맡기고 적어도 일주일에 한 번씩은 공방에 가서 제대로 배우기로 했다. 그 시간은 나를 완전히 신나게 만들었다. 육아에서 벗어나 오직 나만을 위한 시간을 갖는 것이다. 친구들을 만나 의미없는 수다를 떠는 것이 아니라 가방, 지갑, 소품 등으로 결과물을 가져올 수 있었다. 잃어버린 나를 찾고 기술이 없던 내가 가죽 공예라는 기술을 배우는 시간이었다.

처음 가죽 공예를 시작한 이유는 명품 지갑, 명품 가방을 내 손으로 만들기 위함이었다. 그런데 공방에 처음 발을 들여놓는 순간 내 눈을 사로잡은 것이 있었다. 바로 가죽으로 만든 아기 신발이었다. 갈색의 부드러운 염소 가죽으로 만든 신발로 너무나 고급스럽고 귀여웠다. 어디서도 이런 아기 신발은 본 적이 없었다. 육아에서 벗어난다고 해놓고 아기 신발이 먼저 보였던 나는 역시 엄마였다. 육아가 힘들다며 우울증에 시달렸어도 우리 아이 용품이 먼저 눈에 보이는 고슴도치 엄마였다.

일단 명품 가방, 명품 지갑은 뒤로 밀어 두고 아기 신발을 먼저 배우기 시작했다. 가방이나 지갑을 제작하는 것보다 완성되는 시간도 훨씬 짧았다. 그래도 12시간이 넘게 걸렸다. 어떤 가죽으로 만들지 가죽을 고르고 가죽칼로 재단을 했다. 바느질을 하기 위해 재단물에 구멍 하나하나 펀치로 뚫었다. 신발 디자인에 어울리는 실을 골라 한 땀, 한 땀 바느질을 해서 드디어 완성했다.

공방에 가는 날은 집중해서 하루 종일 밥을 안 먹어도 배가 고픈지도 몰랐다. 드디어 완성해서 아이와 남편이 있는 집으로 달려왔다. 들어오자마자 아이의 발에 신겼는데 들어가지 않았다. 우리 아이는 6개월에 10kg 이상 나가는 우량아였다. 볼살은 흘러내릴 것 같았고 팔다리는 비엔나 소시지를 붙여 놓은 것 같은 느낌이었다. 발까지 통통해서 아무리 신겨 보려 해도 신길 수가 없었다.

그날부터 나는 스스로 패턴을 수정하여 다시 만들기 시작했다. 수정하고 만들고 신겨 보고, 또 수정하고 만들고 신겨 보기를 수십 번을 반복했다. 가죽도 소가죽, 오플 가죽, 염소 가죽 등 다양한 가죽을 사용해 보고 마지막엔 가장 부드럽고 가벼운 양가죽을 선택했다. 그 기간이 무려 1년이라는 기간이 걸려 발이 통통한 아기도 신을 수 있는 나만의 패턴을 가지게 되었다. 그러자 내가 만든 아기 신발이 태교용품으로 있으면 좋겠다는 생각이 들었다. 판매해야겠다는 목표가 생겼고 〈요미러브〉라는 상호로 네이버 쇼핑에 입점했다. 태교를 하는 임산부부터 아이의 걸음마를 앞둔 아기의 엄마들까지 많은 엄마들이 만족하고 있다.

그것만이 아니다. 나는 우리 아이를 신기고 말겠다는 일념으로 집에서는 신발을 연구하고 공방에서는 꾸준히 가방, 지갑 등 소품 제작을 배웠다. 처음에 완성한 가방은 제작 기간이 한 달이 넘게 걸렸다. 수제 가죽 가방을 제작하는 데에는 비용도 꽤 많이 들었다. 혹시 이백만 원 정도의 명품 가방이 비싸서 직접 만들어야겠다고 생각한다면 그냥 백화점에 가서 사는 게 낫다. 비용도 시간도 절약하는 방법이다. 어떤 가방이냐에 따라 다르긴 하지만 수강료, 가죽 구입 비용, 부자재 비용만 해도 백만 원은 기본으로 넘어간다. 거기에 나의 수고와 시간까지 추가되는 것을 고려하면 이백만 원이라는 가격은 절대로 비싼 것이 아니다.

가방을 하나 제작하기 위해 많은 공정을 거쳐야 했다. 손바느질을 익힌 후에는 가죽 재봉까지 배웠다. 가죽 공예는 단 1mm의 오차도 용납이 되지 않는다. 아주 섬세하게 작업해야 해서 그 어떤 잡생각도 나지 않았다. 얼마나 몰입했는지 모른다. 이것 역시 공방에서 배우면 집에서는 복습을 했다. 또 가죽과 부자재들을 구입하기 위해 신설동, 성수동에 자주 나갔다. 직접 보고 만지면서 '다음엔 뭘 만들까?'라는 생각으로 가득 찼다. 외출을 함으로써 사람들도 만나고 드라이브를 하며 바람도 쐴 수 있었다. 마치 예쁜 옷, 구두, 가방을 사러 백화점에 가는 것 같은 들뜬 기분이었다.

평생 중학교 실과 시간에 바느질 실습 시간 말고는 바느질을 해본 적이 없었다. 기술이라고는 전혀 없던 내가 기술을 배웠다. 비록 몇십 년 동안 가방 업계에 종사한 장인도 아니고 디자이너도 아니지만 내가 생각한 디자인은 제작할 수 있게 되었다. 그러다 내가 사용할 가방이 필요했다. 이왕이면 고급스럽고 아이 용품을 넣어도 사용하기 편한 가방을 원했다. 직접 디자인해서 만들었다. 가방 또한 수 십번 실패했지만 수정, 제작을 반복하면서 기술이 향상되었다. 완성을 위해 끝없이 시도하는데 안 될리 없었다.

내 주변 사람들은 "언니, 지후 보는 것만도 힘든데 기운이 있어? 난 쉴 시간도 없어."라고 자주 말했다. 내가 취미 생활을 하는 시간이 나의 힐링 타임이었다. 아무리 피곤하더라도 작업실에 들어가면 눈이 번쩍 뜨였다. 단 5분이라도 시간이 나면 작업실로 들어갔다. 아이가 잠이 들고 나면 작업실로 향했다. 남편과 사소한 다툼을 한 후에도 무조건 작업실로 들어갔다. 나만의 공간에서 오직 나를 위한 시간은 나를 에너지 넘치는 사람으로 만들어 주었다.

아이를 낳고 다이어트에 관심이 많은 엄마들이라면 '스미홈트'라는 말을 들어 봤을 것이다. 미국에서 아들 둘을 키우며 살고 있는 평범한 주부, 박스미 씨의 홈 트레이닝 유튜브 채널 이름이다. 박스미 씨는 어린 나이에 결혼하고 아들 둘을 키우다 보니 외롭고 심심했다. 미국에서 살았기 때문에 아는 사람도 없었다. 육아만 하는 일상에 산후 우울증에 빠지기도 했다. 그녀도 나처럼 뭐라도 해야겠다 싶어서 아이들을 재우고 나면 운동을 했다. 박스미 씨는 운동하는 시간이 오로지 자신만을 위한 시간이었다. 그 시간은 박스미 씨에게 자신감을 주었다.

운동에 관해 전문가도 아니었고 제대로 배운 적도 없었다. 육아와 살림만 하는 주부가 혼자 운동을 해서 다이어트에 성공했다. 자신만의 운동법을 유튜브에 공유했다. '스미홈트'는 유튜브 채널에만 구독자 수가 10만여 명에 달한다. '스미어터(스미 + 다이어터)'가 늘면서 특히 주부들에게 영향력 있는 사람이 되었다. 작년에는 책도 내어 강의도 하고 있다. 운동을 하면서 다이어트에 도움이 되는 다이어트 식품을 판매해 수익을 올리고 있다.

'스미홈트' 운영자 박스미 씨도 육아 우울증에 빠졌던, 아들 둘을 둔

평범한 주부였지만 자신만의 나는 취미 생활로 우울을 부른 나쁜 스트레스를 좋은 스트레스로 바꾸었다. 자신감까지 높일 수 있는 소중한 시간들이었다. 잠시 육아를 잊음으로써 더 유연한 사고를 가지게 되었다.

'육아는 나를 돌아보는 골든타임'이다. 육아는 분명히 스트레스를 받게 하는 힘든 일이지만 나를 제대로 돌아 볼 수 있게 하는 시간이다. 그 소중한 시간이 엄마를 성장하게 하고, 발전하게 하며, 생각을 유연하게 할 수 있도록 바꿔준다. 아이로 인해서 축복의 시간을 선물 받은 것이다. 그 선물을 감사히 받아 진정한 나를 만나는 시간을 가져보자. '피할 수 없다면 즐겨라!'라는 말처럼 같은 상황이지만 육아를 즐기고 있는 당신을 발견할 것이다. 생각지 못했던 나의 모습과 사고를 갖게 될 것이다. 노력한 만큼 상황은 변한다. 어느새 육아 우울증은 훨훨 날아가고 칭얼거리던 내 아이도 웃음을 보이고 있을 것이다.

+ + + + + + + + + + + + + +

PART 4

엄마의 불안과 두려움을 행복과 성장으로 바꾸는 기술

육아가 힘들다며 우울해하던 나에게 취미 생활은 삶의 비타민 같은 것이었다. 육아에서 잠시 벗어나 가지는 나만의 시간은 잊고 있던 나 의 소중한 가치를 알게한다. 육아와 엄마의 삶 사이를 균형 있게 만들 어 주는 것이다. 때로는 오랜 시간을 자고 일어나도 피로가 풀리지 않 고 더 머리가 아플 때가 있지 않은가? 그런 일상에서 취미 생활은 엄마 에게 삶의 활력소가 될 것이다. 더 에너지 넘치는 엄마로 만들어 줄 것 이다. 행복해진 엄마는 아이에게 행복 바이러스를 전파한다는 사실을 믿어야 한다. 내가 취미 생활을 가져서 행복해진 것처럼 당신도 취미 생활을 시작해 보자. 분명히 삶이 달라질 것이다.

육아만 해서 행복한 엄마는 없다

나는 '행복하다.'라는 말을 거의 써본적이 없다. 대학교 4학년 때 '유럽 여행 가기'라는 꿈을 이루었을 때, 저절로 입밖으로 튀어 나왔다. 그리고 결혼식을 할 때 말했다. 그렇게 두 번 뿐이다. 그 순간 이외에는 단 한 번도 "행복하다"라는 말을 해본 적이 없다. 그런데 요즘 나는 "행복하다"라는 말을 달고 산다. 유럽 여행의 꿈을 이루었을 때처럼 저절로 입 밖으로 튀어나온다.

출산 후 오로지 육아만 할 때의 나는 심한 육아 우울증을 그런데 지금은 육아와 일, 틈틈이 살림까지 해서 더 바쁘고 정신없는 데도 하루가 즐겁고 행복하다. 육아만 할 때에는 밥을 먹고 싶어도 먹지 못했다. 지금은 밥을 먹어야 한다는 생각을 잊어버릴 정도로 꿈을 이루기 위해 몰두한다. 밥 대신 꿈을 이루기 위해 가지는 나만의 시간이 에너지 충

전 시간인 것이다. 꿈을 이루기 위해 노력할 때, 꿈을 이루었을 때 진정
으로 행복하다는 사실을 깨닫고 있다.

뮤지컬 배우 홍지민은 둘째 출산 후 5개월 만에 29kg을 감량한 후 복
귀했다. 육아는 신랑과 시어머니의 도움을 받으며 워킹맘을 선택했다.
배우로 일이 끝나고 화장을 지우면 엄마 모드가 된다. 워킹맘은 힘들지
만 무대에서 박수 받고 커튼콜 때 너무 행복하다고 말했다. 그리고 오
롯이 100% 육아만 하는 엄마들은 위대하다며 박수를 보냈다. 육아는
축복이라지만 그녀는 그 말은 차마 하지 못한다. 공연하면서 스트레스
를 풀고 이동하는 차 안에서 혼자 힐링하는 시간이 있어 그나마 위안이
된다는 것이 이유였다.

이제 그녀는 가수라는 직업까지 도전했다. 노래로서 사람들에게 좋
은 메시지를 주며 소통하고 싶다는 것이다. 가수에 도전하는 홍지민은
주변에서 안 될 것이라는 말을 많이 들었다고 한다. 하지만 이 도전은
자신의 자아 실현을 위한 프로젝트였기 때문에 포기하지 않았다. "주
변의 시선과 결과에 상관없이 하고 싶은 일이 있다면 뭐든 도전해야 한
다. 그 자체만으로도 힐링이다." 라고 말했다. 지금 워킹맘이 되어 더
바쁘고 힘들어졌다. 하지만 그 안에서 자신만의 시간을 가져 일과 육아
를 다 해내어 더 행복한 삶을 살고 있다.

행복이란 무엇일까?
퇴근 후 시원한 맥주를 마시는 순간, 일을 하다 말고 바라본 하늘이

맑고 청량했을 때, 쌔근쌔근 잠자는 천사 같은 아이를 보고 있을 때, 청소 후 커튼 사이로 들어오는 햇빛을 볼 때, 차 한잔을 마시며 좋아하는 음악을 들을 때, 좋아하는 사람과 맛있는 음식을 먹을 때….

사람들마다 느끼는 행복의 기준은 다 다를 것이다. 하지만 한 가지 확실한 사실은 온전히 나로 살지 않는 삶에는 행복이 없다는 것이다. 나를 위한 시간이 없이 육아에만 전념하는 엄마는 어딘가 허무함을 느낄 것이다. 행복한 엄마는 그냥 되는 것이 아니다. 행복은 자신이 만들어 가는 것이다. 나만의 시간이 일이든, 취미이든 자신의 내면에서 원하는 뭔가를 해내고 이루어야 더 행복한 삶을 살 수 있다.

'내가 행복한 순간은 언제인가?'라는 질문을 스스로에게 던져 봐야 한다. 누구나 행복했던 순간이 한 번쯤은 있을 것이다. 그 순간들을 떠올리면 무엇을 했을 때 내가 행복했는지 알 수 있다. 바로 생각이 나지 않는다 해도 괜찮다. 부담을 가지지 말고 마음 편히 생각해 보면 된다. 나를 돌아보는 시간 속에서도 행복을 느낄 수 있다.

내가 아는 행복한 엄마들은 절대 육아만 하지 않았다. 평소 꾸미는 것을 잘하는 친구가 있다. 같은 옷이라도 목걸이, 귀걸이, 브로치 등 액세서리를 활용함으로써 더 느낌 있는 스타일을 완성했다. 친구의 집 인테리어도 마찬가지였다. 감각적이고 아기자기한 소품들이 더해져 집에 들어가는 순간 "와! 집 진짜 예쁘다!"라는 감탄사가 튀어나왔다. 평소 작은 소품들을 구경하고 모으는 것이 취미였다.

출산 후에는 방향이 아이를 위한 것으로 바뀌었다. 아이가 백일이 되던 날, 백일잔치에 사용할 백일상을 대여하기 위해 여러 업체를 알아보았다. 하지만 맘에 드는 곳이 없었다. 결국 직접 발품을 팔아 소품을 다 준비해 자신만의 느낌으로 스타일링했다. 양가 부모님, 친척들에게도 예쁘다며 큰 칭찬을 받았다.

백일잔치 사진을 SNS에 올리자 사람들의 반응이 좋았다. 호응을 얻은 친구는 자신감을 얻어 백일상 대여업을 시작했다. 백일상뿐 아니라 돌상, 브라이덜 샤워, 각종 파티 스타일링까지 확장해 고수익을 올리고 있다. 육아를 할 때도 좋았지만 자신의 일을 하는 순간이 너무 행복하다고 한다. 다른 사람의 파티를 스타일링해 준 뒤 만족하는 모습까지 보면 뿌듯하다고 한다.

친구의 행복했던 순간은 소품을 모아 장식하는 것이었다. 그 순간을 떠올려 육아를 하던 중에도 자신만의 시간을 가져 스트레스를 받지 않았다. 자신만의 시간으로 자신의 삶과 육아의 균형을 이루었다. 그리고 그 시간을 일로 확장시켜 수익까지 올리고 있다. 엄마의 삶에서 육아는 빠질 수 없다. 그렇다면 균형 잡힌 삶을 살아야 행복하게 살아갈 수 있다. 워킹맘을 선택하더라도 자신이 좋아하는 일을 해야 한다. 돈만 벌기 위해 어쩔 수 없이 하는 일이라면 엄마의 행복은 저 멀리, 더 멀리 도망가 버린다.

긍정 심리학자 마틴 셀리그먼에 의하면 행복한 삶은 세 가지 측면을 가지고 있다. 첫째, '즐거운 삶'이다. 좋아하는 사람과 맛있는 것을 먹고, 영화를 보는 등 일상생활에서 느끼는 즐거운 감정이다. 즐거운 경험을 잘하는 사람은 긍정적인 경험을 더 자주하게 되어 행복해질 수 있는 가능성이 커진다. 하지만 곧 익숙해져 즐거움의 강도가 점차 약해지게 된다. 더 강한 즐거움을 원하게 된다.

두 번째는 '몰입(관여)하는 삶'이다. 자신이 좋아하는 일이나 연인과 첫 데이트를 했을 때에 느끼기 쉽다. 짧은 시간이지만 일상생활에서보다 더 깊게 몰입할 수 있기 때문이다. 어떤 일에 몰입을 했을 때에는 단순히 즐거웠던 기억으로 끝나는 것이 아니라 더 좋은 방향으로 이끌어나갈 수 있게 된다. 더 행복한 삶으로 살 수 있는 원동력이 된다.

세 번째는 '의미 있는 삶'이다. 자신만의 강점을 인식한 후 그 강점을 사용해 더 큰 무엇인가에 봉사하는 삶을 뜻한다. 우리의 삶은 즐거운 삶, 몰입하는 삶을 통해서 행복을 얻지만 '보람'을 느끼기는 힘들다. 자원봉사를 하거나 재능 기부를 했을 때 느끼는 '보람'이 비로소 더 큰 행복을 준다는 말이다.

즐거움, 몰입, 의미 있는 삶 세 가지 모두를 충족할 때 우리는 완벽한 행복을 느낄 수 있다. 아이와 함께 공원을 뛰어놀면서 느끼는 즐거움, 나만의 취미나 일에 몰입할 때 느끼는 행복, 내가 다른 사람까지 즐겁게 만들었을 때 느끼는 보람이 모두 충족되는 순간, 최고로 행복한 삶을 살 수 있는 것이다.

나의 행복은 내가 만들어가는 것이다. 아이가, 남편이, 내가 처한 환경이 행복을 만들어 주는 것이 아니다. '언젠가는 행복해지겠지'라는 마음으로 기다리기만 해서는 안 된다는 말이다. 취미 생활을 가지는 이유도 더 행복하기 위해 내가 선택한 것이다. 힘든 엄마의 길을 가게 된 것도 더 행복할 것이라는 생각을 가진 엄마의 선택으로 이루어진 것이다. 그런데 육아를 하는 엄마가 되었다고 해서 행복을 포기해야 할까? 행복은 누구나 누려야 한다. 육아를 하는 일상이 힘들고 우울해도 행복해지기 위한 방법을 찾으면 된다. 행복을 찾는 일에도 시행착오가 있을 수 있다. 이 또한 연습으로 한 발짝, 한 발짝 더 나아가면 된다. 더 행복한 엄마, 더 행복한 삶이라는 목표를 보며 노력해야 한다. 엄마가 행복해야 아이가 행복하다. 엄마가 행복해야 남편이 행복하다. 엄마의 행복이 행복한 가정을 만들고 지킨다.

02

내가 취미를 가지게 된 이유

많은 사람들이 삶의 만족도를 높이기 위해 취미 생활을 한다. 운동을 하기 위해 헬스장을 가거나 암벽 등반을 한다. 꽃꽂이 클래스, 취미 미술, 가죽 공예, 비누 만들기, 향초 만들기 등 종류도 다양하다. 하루 종일 회사 일에 시달린 직장인들도 퇴근 후에 취미 생활을 즐기러 간다. 피곤한 일상에서 취미 생활은 삶의 활력소가 되기 때문이다. 취미 생활은 경제적 상황이 좋고 나쁨에 따라 할지 말지 결정되는 것이 아니다. 남부러울 것 없는 삶을 살 것 같은 유명한 사람들이라도 취미 생활을 즐긴다. 바쁜 일상 속에서도 취미 생활을 즐기며 나만의 시간을 갖는다.

소녀시대 태연은 소문난 집순이이다. 바쁜 연예계 일을 쉬는 동안에는 집에서 취미 생활을 하며 에너지를 보충한다. 셀프 네일, 컬러링북, 베이킹, 메이크업 등 종류도 다양하다. 가수 레인보우 지숙도 소이캔

들, 리폼, 셀프네일 등 여러 취미 생활을 즐긴다. 취미 생활은 꼭 하나만 하라는 법은 없다. 자신이 관심이 있거나 해보고 싶으면 그냥 시도하면 된다. 잘하고 못하고의 평가와는 아무런 상관이 없다. 그냥 취미 생활을 통해서 내 마음이 편해지고 더 즐거워지면 되는 것이다. 지친 하루에 활력을 불어넣어 주면 되는 것이다.

나도 여러 가지 취미 생활을 했다. 처음 시작할 때에는 외출이 힘들었기에 집에서 할 수 있는 취미 생활을 했다. 주로 셀프 네일을 많이 했다. 네일아트 도구를 다 갖추거나 전문가급의 실력은 아니었지만 나름 괜찮았다. 어릴 때부터 매니큐어를 바르기를 좋아했다. 매니큐어를 색깔별로 100개 정도를 가지고 있는 것 같다. 고등학교 때에도 방학만 되면 항상 매니큐어를 바르고 다녔었다. 그래서인지 전문가가 아님에도 매니큐어를 꽤 잘 발랐다. 친구들을 발라 준 적도 많았다.

아이를 재우고 나면 나는 매니큐어를 발랐다. 그런데 아이를 씻기고 손을 자주 닦다 보면 물을 많이 만지기에 네일이 자주 까지거나 벗겨졌다. 자주 지우고 다시 칠해야 했다. 이 점은 셀프네일의 단점이자 장점이었다. 색깔이 톡톡 튀거나 화려한 것을 좋아하지만 이런 것들은 금방 질리기 마련이다. 역시 금방 질려버려서 지우고 다시 칠했다. 네일아트를 하는 데에도 1~2시간 정도로 시간이 은근히 많이 걸린다. 그럼에도 자주 지우고 다시 칠할 수 있었던 이유는 손끝에서부터 예뻐지는 느낌이 좋았기 때문이다. 하나도 귀찮지 않았다.

육아를 하다 보면 손을 자주 씻어야 한다. 예전과는 다르게 손이 많이 건조하고 거칠어져 있었다. 예쁜 옷보다는 아이가 토해서 얼룩진 옷을 입고 있었다. 머리는 대충 묶었고 화장은 안 했다. 매일 이런 모습을 거울로 보니 손톱이라도 나를 위해 꾸미는 순간이 참 좋았다. 손끝에 온 정신을 집중하는 순간은 힘들기만 했던 육아 스트레스를 잊을 수 있었다. 남편은 손톱을 칠하면서 온몸을 다해 집중하는 모습을 보면서 귀여워해 줬다. 항상 이렇게 예쁘게 꾸미는 모습이 보기 좋다고 말했다.

한번은 재봉을 해보고 싶다는 마음이 생겼다. 바느질이라고는 떨어진 단추 다는 것 정도밖에 할 줄 몰랐기 때문에 어려운 도전이었다. 하지만 재봉으로 아이의 턱받이나 손수건을 만들어 내는 엄마들을 보면 예쁘고 부러웠다. 내 손으로 만든다는 사실이 참 의미가 있다고 생각했다. 인터넷을 검색해서 작은 미니 재봉기를 구매했다. 왕초보용으로 작고 얇은 원단만 바느질이 가능했다. 그런데 이조차도 재봉은 어려웠다. 실을 끼우는 방법, 바늘 끼우는 방법까지 책을 봐도 도저히 알 수가 없었다.

어떻게 했는지 모르겠지만 겨우 실을 다 끼우고 나니 바느질이 되기 시작했다. 하지만 굉장히 많은 연습이 필요했다. 턱받이를 만들어 보려고 했지만 시도도 못해 보고 끝났다. 재봉은 제대로 배워야 한다고 생각하고 창고에 넣어 두었다. 실패한 취미 생활이었지만 그래도 나름 재미있었다. 어떻게든 실을 끼워 작동해 보려 몇 시간 동안 집중했다. 집중하는 동안 다른 잡생각은 하나도 나지 않았다. 재봉은 나중에 가죽공예를 하면서 제대로 배우게 되었다.

여러 가지 취미생활을 하다보니 언젠가부터 남편의 퇴근만을 기다리던 날들이 변했다. 남편의 야근을 하는 날이면 나만의 시간이 더 늘어나는 것이었다. 매니큐어로 손톱을 칠하고, 미니 재봉으로 무언가를 만들어 보는 등 집에서도 취미 생활을 충분히 즐길 수 있었다. 별거 아닌 취미 생활이지만 그 생활이 있어서 고된 육아를 마친 후에 미소를 지을 수 있었다. 자고 있는 아이를 보면서 "오늘도 수고했어."라며 나 자신을 위로 할 수 있었다.

아이가 어릴수록 대부분 엄마들은 잠이 부족하다. 그래서 아이가 잠들면 같이 자거나 TV 시청으로 시간을 보낸다. 물론 생활에 활력을 불어넣는 좋은 방법이다. 각자가 원하는 방식이 있다. 하지만 조금이라도 남는 시간에 자신을 위한 취미 활동을 갖기를 바란다. 취미 활동을 하다 보면 몰랐던 또 다른 재능을 발견하게 된다. 또 다른 취미를 가져보고 싶게 된다. 잘하지 않아도 되고 부담이 없다. 가볍게 시작한 취미는 작지만 도전하는 삶을 살게 한다. 성취감까지 느낄 수 있다. 동시에 나에 대해 더 깊게 알 수 있게 되는 좋은 시간이다. 이런 시간을 오직 잠, TV로만 보내기엔 좀 아깝지 않을까?

요즘은 아이가 좀 자라서 육아를 하면서 함께할 수 있는 취미 생활을 가진다. 나는 어릴 때부터 피아노를 배웠고 가끔 피아노를 치는 취미가 있었다. 아이를 낳고 나서는 피아노를 치기가 힘들어 방치하고 있었다. 그래도 피아노를 계속 가지고 있던 이유는 어느 정도는 내가 직접 가르쳐 주고 싶었기 때문이다. 오래된 피아노지만 아직 소리가 맑고 꽤 괜찮다. 아이와 함께 피아노를 치면 아이도 즐거워한다. 내가 원하는 연주를 하는 취미 생활을 즐기기엔 아직 힘들지만 그래도 함께 취미 생활을 즐길 수 있다는 사실에 감사하다. 취미 생활을 혼자 할 때보다 더 즐겁기까지 하다.

작은 고사리 같은 손으로 건반을 누르면 너무나 귀엽다. 순간 '우리 아이가 음악적 재능이 있나?'라고 생각하게 된다. 엄마들은 내 아이는 다 천재인 줄 안다고 했던가. 그 말이 딱 맞다. 두 손으로 건반을 눌렀을 때 나오는 소리가 신기한 모양이다. 낮은 음, 높은 음 이것저것 다 눌러 본다. 반달 눈웃음을 지으며 해맑게 웃는 아이를 보는 순간 행복해진다. 이런 아이를 볼 때, 육아 우울증에 시달리며 힘들어했던 순간을 떠올리면 헛웃음이 나온다.

2018년 7월부터 주 52시간 근무제가 시행되면서 더 많은 사람들이 취미 생활을 즐기고 있다. '일과 삶의 균형'을 뜻하는 워라밸(Work and Life Balance)이 중요한 사회적 가치로 자리 잡았다. 더 많은 아빠들이 육아에 참여하는 시대가 되었다. 평일 저녁에도 여행이나 취미 활동을 가족 단위로 함께할 수 있다는 말이다. 게다가 이제는 멀리 가지 않아도 된다. 주변을 조금만 둘러보면 운동, 육아, 취미 생활 등을 한번에 해결할 수 있는 곳이 많이 있다.

이러한 문화와 환경의 변화 속에서 엄마들은 더 이상 육아에만 전념하여 힘들어하지 않아도 된다. 남편과 분담하고 나만의 시간을 만들어 취미 생활을 즐겨야 한다. 삶의 활력과 에너지를 불어넣어 주는 취미 생활로 더 행복한 육아를 할 수 있다. 짧은 시간이라도 오롯이 엄마를 위해 투자한다면 매일 더 나아진 나를 만날 것이다. 활기 넘치는 엄마와 함께하는 아이도 더 밝고 긍정적인 아이로 성장할 것이다. 엄마에게 취미 생활은 휴식이자 일상을 빛내 주는 보석과 같은 시간이 될 것이다. 나아가 낮아진 자존감까지 높여 주는 귀중한 시간이 될 것이다.

육아가 힘들다며 우울해하던 나에게 취미 생활은 삶의 비타민 같은 것이었다. 육아에서 잠시 벗어나 가지는 나만의 시간은 잊고 있던 나의 소중한 가치를 알게한다. 육아와 엄마의 삶 사이를 균형 있게 만들어 주는 것이다. 때로는 오랜 시간을 자고 일어나도 피로가 풀리지 않고 더 머리가 아플 때가 있지 않은가? 그런 일상에서 취미 생활은 엄마에게 삶의 활력소가 될 것이다. 더 에너지 넘치는 엄마로 만들어 줄 것이다. 행복해진 엄마는 아이에게 행복 바이러스를 전파한다는 사실을 믿어야 한다. 내가 취미 생활을 가져서 행복해진 것처럼 당신도 취미 생활을 시작해 보자. 분명히 삶이 달라질 것이다.

육아, 살림 모든 것을 혼자 할 필요는 없다

"남편이 육아 많이 도와줘?"

아이를 낳은 후 친구나 친척들을 만나면 정말 자주 듣던 질문이었다. 이 말은 육아는 당연히 엄마의 몫이라는 말로 들렸다. 남편은 도와주는 존재. 똑같이 일하고 같이 결혼을 해서 같이 아이를 낳았는데 왜 육아는 당연히 여자의 몫이라고 생각하는 것일까? 나는 처음부터 그렇게 생각하지 않았다. 육아는 공동 육아라고 생각했다. 아빠가 육아를 한다는 것은 도와주는 것이 아니라 당연한 개념이라고 여겼다.

요즘은 여자도 활발한 사회생활을 한다. 여자들이 보통 결혼 적령기에 접어들면 꽤 괜찮은 수입을 올려 여행, 쇼핑 등 원하는 것을 다 누리며 살게 된다. 그러다 출산과 동시에 몸과 생활 모든 것이 변한다. 남편은 별로 달라지지 않아 보인다. 오히려 결혼하면 남자들은 마음이 편해져서 살이 포동포동 찌지 않는가? 정말 몸도 마음도 편안한 아저씨가 된다.

반면 엄마는 모유 수유와 몸조리를 위해 당분간 일을 할 수 없다. 몸조리를 하려면 당연히 집에 있어야 하고 남편은 일하러 회사로 출근한다. 모유 수유를 남편이 할 수 없으니 어쩔 수 없는 일이다. 회사에서는 야근, 회식 등이 잦으면 늦게 퇴근을 한다. 자연스럽게 주 양육자는 엄마가 된다. 그래도 내 기준엔 남편이 '육아를 돕는다'는 말은 잘 이해가 되지 않았다. 여자만 많은 희생을 하는 현실이 불공평하다고 생각했다. 오랜 옛날의 가부장적인 사고방식이었다.

우리 남편은 처음부터 아이를 엄청 예뻐하는 스타일이 아니었다. 아이를 낳으면 딸바보, 아들바보가 된다던데 우리 남편은 그렇지 않았다. 아이가 자고 있는 늦은 시간에 퇴근을 하면 아이 얼굴을 보러 방에 들어가지 않았다. 자신이 피곤하니 씻고 잠자기 바빴다. 며칠 동안 아이를 안 본 적도 있었다. 그 모습을 보고 내가 물었다.

"오빠, 퇴근하고 오면 왜 지후 보러 안 가? 안 보고 싶었어? 지후 안 예뻐?"

"아, 그냥 자니까."

나는 이해가 되지 않았다. 아이가 잔다고 하더라도 예쁘지 않은가?

"넌 잘 때가 제일 예뻐."라는 말도 있는데 말이다. 대화를 해보니 아직 실감이 나지 않았다고 했다. 이제야 그 말에 조금은 이해가 갔다. 나도 처음엔 내 배 속에서 나온 아이이지만 실감이 나지 않았기 때문이다. 산후조리원을 퇴원하고 온전히 내가 아이를 돌보기 시작했을 때부터 힘들어도 모성애가 마구마구 생겼다. 물론 처음부터 부성애가 넘치게 흘러나오는 아빠들도 있다. 그렇지 않은 아빠들은 아이가 옹알이를 시작하면서부터 부성애가 폭발한다고 한다. 내 남편이 후자였던 것이다.

'남편이 아이와 함께하는 시간이 적어서 더 그런 것은 아닐까' 하고 생각했다. 그 이후로 남편이 집에 있는 시간이면 무조건 아이를 맡겼다. 아이를 계속 안고, 분유를 타서 먹이고, 재우고, 똥 기저귀를 가는 등 육아를 직접 하게 했다. 그때 나는 집안일을 했다. 육아를 분담한 것이다. 남편은 똥 기저귀를 처음 만난 날에는 어떻게 해야 할지를 몰라 도움을 청했다. 그 순간 나도 산후조리원에 있을 때 똥 기저귀를 처음 봤을 때 당황하며 간호사에게 도움을 청했던 기억이 났다. 남편이 귀여워 보여서 몇 번 도와줬다. 그 이후로는 똥 기저귀쯤은 문제없었다.

남편은 생각보다 육아를 잘했다. 오히려 나보다 더 인내심 있게 잘 달래고 잘 재웠다. 그 순간 생각난 말도 있었다. 아이들은 배 속에서부터 '아빠의 중저음 목소리에 더 안정감을 느낀다.'는 말이었다. 아이도 더 빨리 안정을 찾았고 남편도 아이를 직접 안고 가까이 보면서 부성애가 생기기 시작했다. 점점 아빠 육아를 잘하게 되었다. 아직까지도 퇴근이 늦는 날만 아니면 아이는 남편이 재운다. 지금은 귀여워 죽겠다고 한다. 그래서인지 우리 아이는 '엄마'라는 말보다 '아빠'를 먼저 말해서 질투하기도 했다.

무엇보다 육아가 힘들다는 것을 직접 경험했기에 나를 많이 이해해 주고 있다. 육아는 공동으로 해야 한다는 사실도 당연하게 생각한다. 더불어 집안일까지 함께 나눈다. 내가 밥을 하는 동안 남편은 아이 목욕을 시킨다. 내가 아이와 장난감을 가지고 노는 동안 남편은 설거지를 한다. 외출할 때에는 내가 아이 가방을 챙기면 남편이 씻기고 옷을 입힌다. 이런 시간을 보내면서 준비가 덜 되었던 엄마, 아빠가 진짜 어른으로 점점 성장하게 되었다. 서로 배려하게 되었다. 그럼에도 나는 육아 우울증을 겪었다. 그 대신 더 좋은 방법으로 극복할 수 있었다.

남편을 '남의 편'이라고 표현하기도 한다. 남의 편을 내 편으로 만들어 행복한 가정을 만들기 위한 노력을 해야 한다. 엄마 혼자 모든 것을 짊어지기에는 체력적, 정신적으로 한계가 온다. 아무리 강해 보이는 엄마라도 마찬가지일 것이다. 대화를 통해 해결해야 한다. 육아와 집안일을 명확하게 구분 짓지는 못하더라도 분담해야 한다.

공동 육아를 할 때 한 가지 더 중요한 것이 있다. 엄마는 자신이 힘든 것만 생각하지 말고 남편도 힘들다는 사실을 알아 줘야 한다. 회사에서 열심히 일하고 나면 피곤하다. 그 사실은 엄마도 사회생활을 해봤기 때문에 알지 않는가? 그런 남편은 회사에서 퇴근하고 집으로는 출근을 한다. 남편에게도 어느 정도 자유 시간이나 취미 생활을 하는 쉴 시간을 줘야 한다. 그렇지 않다면 남편도 육아 우울증이 올 수 있기 때문이다. 남편도 지치게 된다. 남편의 자유 시간엔 무엇을 하든지 엄마는 간섭하지 말아야 한다.

우리 남편의 취미는 스마트폰 게임이다. 나는 스마트폰 게임을 좋아하지 않는다. 뭐가 재미있다는 것인지 이해가 되지 않는다. 유익하지도 않은데 하는 이유를 몰랐다. 아이가 그 모습을 보면 배울 것이 뻔하기 때문에 더 탐탁지 않았다.

"스마트폰 게임 안 하면 안 돼? 재미도 없는데 왜 하는지 모르겠어. 지후도 배울까 봐 걱정돼."
"회사 갔다가 퇴근하고 오면 지후 보고, 쉬는 날도 육아를 하는데 이거 잠깐도 못해? 나도 쉴 시간이 필요하다고!"

남편이 처음으로 화를 냈다. 나는 그 순간 남편에게 미안해졌다. 나는 육아하는 것이 힘들다며 나만의 시간을 달라고 요구해 놓고 남편의 시간은 이해해 주지 못한 것이다. 어차피 육아를 해야 하므로 게임을 오래 할 수 있는 것도 아니다. 남편은 게임하는 시간으로 삶의 활력을 얻었다. 그런데 나는 내 관점에서 부정적으로만 본 것이다.

엄마는 육아, 살림을 나누고 자신의 시간을 얻는 만큼 남편의 시간도 존중해 줘야 한다. 무엇을 하든지 자기만의 방법으로 삶의 활력을 얻게 되면 그것으로 만족해야 한다. 도가 지나치면 자제해야겠지만 활력을 얻어 육아와 가정생활이 즐거워지면 되는 것이다.

엄마는 육아, 살림 모든 것을 꼭 혼자만 해야 할까? 사랑하는 남자와 행복한 가정을 이루기 위해 결혼한다. 육아, 살림을 하려고 결혼한 것이 아니라는 것이다. 육아는 공동의 책임이다. 가정은 남편과 함께 꾸려나가는 회사라고 보면 된다. 한 회사의 공동 대표이므로 역할을 분담해야 한다. 분담한 만큼 각자의 시간도 존중해 줘야 한다. 독박 육아가 힘들다며 불평하지만 말고 대화를 통해 방법을 찾아보자. 칼로 나눈 것처럼 명확하게 분담할 수는 없겠지만 균형을 맞춰 육아와 살림을 분담한다면 서로를 더 이해하고 배려하는 마음도 생길 것이다. 부부가 사랑이 넘친다면 그 안에서 자라는 우리 아이의 정서도 안정적일 것이다. 더 행복한 가정을 꾸려 나갈 수 있을 것이다.

자기 계발이 가능한 취미를 가져라

나는 블로그와 인스타그램에 일상이나 우울증을 극복한 방법에 대해 기록한다. 블로그는 또 다른 나의 취미이다. 나와 같은 경험을 하고 있는 엄마들에게 도움이 되길 바라는 마음으로 글을 작성한다. 그럼 많은 엄마들이 공감을 하며 댓글을 남긴다. 나는 댓글에 댓글을 남겨 소통을 한다. 그렇게 엄마들과 소통하면서 각자의 방법도 알게 된다. 소통을 통해 서로의 생각을 나누는 일은 정말 소중한 경험이다. 새로운 인연을 만나 이어 나간다는 사실도 지친 일상에서 큰 활력을 준다.

그렇게 알게 되어 인연을 맺은 M씨는 나에게 따로 상담 요청을 해왔다. M씨를 만나 상담을 하게 되었다. M씨는 28개월이 된 아들을 둔 엄마였다. 그녀는 심한 육아 우울증을 겪고 있었다. 나는 M씨의 이야기가 다 내 이야기와 같아 깊이 공감했다. 많은 대화를 나누다 보니 M씨는 누구보다 밝고 통통 튀는 성격을 가진 엄마였다. 오랫동안 알고 지냈던 친구처럼 친근한 느낌이 들었다. 서로에게 조금 더 부담을 내려놓고 대화를 시작했다.

"지금 육아를 안 한다면 제일 하고 싶은 것이 무엇인지 생각해 보셨어요?"

"일이 하고 싶어요. 24시간 육아만 하는 것보다 일이라도 해서 성취감을 느끼고 싶어요."

그 순간 신경 쓰지 않았던 M씨의 옷차림이 내 눈에 보이기 시작했다. 통통 튀는 성격만큼 개성 있고 센스 있는 패션 감각이 있었다.

"혹시 옷 좋아하세요? 패션 센스가 너무 좋아요."

"네, 저 옷 진짜 좋아해요. 예쁜 옷 입고 나갈 때 행복해요. 우리 아들 예쁜 옷 입히는 것도 좋아요. 친구들, 친구 아이들한테 어울리는 옷 코디해 주는 것이 제 취미에요."

M씨는 아이 사진을 보여 주기 시작했다. 아이 옷을 입히는 센스도 보통이 아니었다. 다른 쇼핑몰에서 봤던 코디와는 뭔가 달랐다. 나는 남자아이들을 위한 아기 옷을 판매해 볼 것을 권유했다. M씨는 그 일도 해보고 싶었다고 했다. 그런데 용기가 없어서 시도하지 못했다고 했다.

"본인이 하고 싶은 일을 해서 엄마가 행복해져야 육아도 행복하게 할 수 있어요. 저도 그랬거든요." 나는 M씨에게 용기를 낼 수 있도록 도와 주었다. 나와의 상담을 마치고 M씨는 집으로 돌아가서 블로그 쇼핑몰을 준비해 사업을 시작했다.

M씨는 다른 블로그 쇼핑몰과는 달리 엄마들 한 명 한 명과 상담 후 아이들에게 어울리는 옷을 코디해서 추천했다. 엄마들은 이 상담을 참 좋아했다. 추천해 준 대로 아이에게 입혀 보면 생각보다 더 잘 어울리고 예뻤기 때문이다. 특히 패션 센스가 약한 엄마들에게 반응이 너무 좋았다. 한정되어 있던 자신만의 스타일에서 색다른 느낌을 받아 아주 만족했다. 이후 M씨는 예전과는 확연히 달라졌다. 코디 상담을 통해 같은 아이를 키우는 엄마들과 소통할 수 있어서 하루하루가 즐겁다고 했다. 일일이 상담을 한다는 것이 귀찮을 수도 있는 일인데 전혀 그렇지 않다고 했다. 그녀에게 소통은 제1순위이다. 자존감까지 높아졌다.

또 아이에게 예쁜 옷을 입히고 사진을 찍는 과정이 너무 행복하다고 했다. 빨리 아이와 시간을 보내고 싶어졌다고 했다. 우울하고 힘들어서 아이가 예뻐 보이지 않았는데 이제는 너무 사랑스럽다고 했다. M씨는 이제 또 다른 취미가 생겼다. 공방에서 직접 옷을 만드는 일을 배운다. 자신이 아이 옷을 직접 만들어 입히기도 하고 선물을 하기도 한다. 옷의 기본기를 제대로 배우고 나면 자체 제작한 옷을 판매할 계획이라고 한다.

취미 생활을 하는 사람은 두 부류로 나뉜다. 자기만족으로 정말 즐거운 시간을 보내는 사람, 또는 취미 생활을 자신의 기술, 노하우로 만들어 자기 계발을 하는 사람들이다. 어떤 것도 잘못된 것은 없지만 나는 후자가 더 좋다고 생각한다. 취미 생활을 통해서 자기 계발을 할 수 있어야 한다. 코디하기가 취미였던 M씨가 판매를 시작하고 발전을 위해 공부하게 된 것처럼 말이다. 자기 계발을 통해서 자신의 잠재된 능력을 발견하면 더 크게 키워 수익까지 낼 수 있다.

내가 좋아서 한 일이 수익까지 나게 되면 엄청난 에너지를 받게 된다. 삶의 활력을 얻게 된다. '나도 해낼 수 있다! 해내었다!'라는 사실을 확인하면서 자존감이 마구마구 올라간다. 내가 판매한 제품으로 고객들이 변화되는 모습을 보는 것도 행복한 일이다. 고객들은 돈을 주고 구매해 놓고 좋은 제품을 만들어 줘서 오히려 고맙다고 한다. 칭찬까지 받는다. 엄마의 자존감은 더 높이 올라가게 된다. 웃고 있는 아이를 볼 때와는 또 다른, 말로 표현하지 못할 보람과 행복을 느낄 것이다.

다른 엄마들과 비교하며 우울하고 위축되어 있던 자신의 모습은 어느새 사라진다. 그 모습을 생각하면 오히려 낯설게 느껴질 것이다. 언제나 자신감 있는 당당한 여자가 되어 스스로 반하게 될 것이다. 자신의 롤모델을 생각해 보자. 롤모델이 없다면 마음속으로 멋지다고 상상했던 여자를 떠올려 보자. 그 여자가 자신의 모습이라고 생각해 보자. 생각만으로도 행복해지지 않는가? 언제나 특별하고 아름다운 여자의 모습이 나라니! 그것도 내가 좋아하고 부담 없이 시작하는 취미로부터 시작된다니! 지금 당장 시작하지 않고는 못 배길 것이라고 생각한다.

가수 레인보우의 김재경은 나와 같이 '가죽 공예'라는 취미를 가졌다. 워낙 손재주가 좋아 여러 번 방송에 나오기도 했었다. 그녀는 가죽으로 가방, 소파 등 여러 가지 소품을 만든다. 자신이 만든 가죽 소품을 쇼핑몰에 올려 판매하기도 한다. 공방을 운영할 계획이라고도 했다. 소녀시대 서현은 시간만 나면 자기 계발 도서를 읽는다. 독서를 통해 더 큰 세상을 보고 확신에 가득 찬 말과 행동을 한다. 30년 뒤에는 외교관이 될 것이라는 꿈을 꾸고 있다. 바쁘지만 꿈을 위해 자기 계발을 소홀히 하지 않고 있다.

김재경과 서현은 연예인 생활을 하면서도 끊임없이 자기 계발을 하는 사람으로 유명하다. 이들이 자기 계발을 하는 이유는 아이돌의 수명이 짧아 미래가 불투명하기 때문이다. 아이돌 때 반짝 인기를 얻어 큰돈을 벌 수는 있어도 남은 인생을 백수로 보내기엔 허무한 것이다. 그렇기 때문에 자기 계발을 통해 돈을 벌 수 있는 또 다른 수단을 마련하고 있는 것이다. 아무리 바쁘고 힘들어도 자신의 더 나은 삶, 행복한 삶을 위해 자기 계발을 하는 것이다.

워킹맘이라도 나만의 시간은 가져야 한다. 물론 일하랴, 육아하랴, 살림하랴 몸이 두 개라도 모자라지만 나만의 취미 활동 시간은 필수이다. 틈새 시간을 활용해서 삶에 활력을 불어넣어야 한다. 워킹맘에게는 출·퇴근 시간에 이동하는 대중교통 안에서 책을 읽는 것을 추천한다. 출퇴근 시간이 1시간 정도 걸린다면 두 시간의 독서 시간을 얻을 수 있다. 두 시간이면 한 권의 책을 거의 다 읽을 수 있는 시간이다. 이 시간이 매일 반복된다면 나도 모르는 사이에 마음의 부자가 되어 있을 것이다. 어느새 폭풍 성장한 자신을 만나게 될 것이다.

출퇴근 시간 동안의 독서로 또 다른 도전을 하고 싶어 꿈틀대는 나를 만나게 될 것이다. 내가 좋아하는 일, 내가 원하는 일을 꿈꾸게 되는 순간, 하기 싫은 남의 일을 하지 않아도 된다. 우리가 지구별에 온 목적은 내가 좋아하는 일을 하며 행복한 인생을 살기 위해 온 것이다. 아이를 뒤로 미루고 남의 일을 하기 위해 온 것이 아니다.

자기 계발은 자신이 행복해지는 최고의 방법이다. 육아를 하는 엄마라도 지금 상황을 어떻게 받아들이는지에 따라 삶이 달라진다. 아이의 삶, 남편의 삶까지 달라진다. 행복한 가정과 행복하지 않은 가정을 결정한다. 육아가 힘들고 우울하다는 생각만으로 아무것도 할 수 없다며 자신을 묶어 버리면 정말 아무것도 할 수 없다. 아이가 자라면 아이는 아이의 인생을 살게 된다. 우리가 부모님의 품을 떠나왔던 것처럼 아이도 사랑을 하고 자신의 가정을 꾸려 나간다. 그때는 어떤 행복감으로 살아갈 것인가? 물론 나이를 먹어서도 취미 생활은 가질 수 있다. 자기 계발도 가능하기는 하다. 하지만 시간이 훨씬 더 오래 걸리고 체력도 받쳐 주지 않는다. 한 살이라도 더 젊을 때 자기 계발을 해서 행복한 인생을 더 길게 누려야 한다.

우울하다고? 자기 계발을 하라

"지후 어때? 너무 예쁘지?"

"응 예뻐~ 너무 예쁘지. 그런데 좀 힘들긴 해."

친구들과 자주 나눴던 대화이다. 친구들 중 내가 첫 아기 엄마였다. 그래서인지 친구들은 내 아이에게 관심이 많았고 예뻐해 줬다. 하지만 힘든 엄마의 감정은 공감할 수 없었다. 아마 나를 만난 친구들은 내가 우울증을 겪었다는 사실을 모를 것이다. 나는 자존심이 세어서 다른 사람들에게 우울한 모습을 보이고 싶지 않았다. 내가 선택한 남자와 결혼을 했는데 행복하지 못한 모습을 보인다면 나를 안타깝게 볼 것이 뻔했기 때문이다. 나는 불쌍한 사람이 아닌데 불쌍하게 본다는 그 시선이 두려웠다. 육아에 대해 물어보면 힘들다는 이야기는 했었지만 다른 사람들과 다를 것 없는 정도로만 생각한다.

우울증이라는 것도 증상에 따라 전문의의 상담과 약물로 치료를 받아야 한다. 그런데 나는 치료받지 않았다. '육아는 남들도 다 똑같이 하고 힘든 것인데 병원까지 가면 나만 유난 떤다고 생각하지 않을까?'라고 생각했다. 아니, 나 스스로가 육아 우울증이라는 사실을 인정하지 않았다.

아직도 우리 남편은 내가 그렇게까지 힘들어했다는 사실을 알지 못한다. 내가 우울이라는 단어를 입 밖으로 꺼내고 싶지 않아 말하지 않았다. 그 단어를 입 밖으로 내뱉는 순간 나락으로 떨어질 것만 같았다. 그래서 선택했던 말들이 "나 너무 힘들어!", "뭐라도 해야겠어!", "밖으로 나가야겠어!" 같은 말들이었다. 말투도 좋지 않았다. 속으로 참고 참다 짜증을 내거나 화를 내는 것으로 표출되었다. 가끔은 남편도 받아주기가 힘들었을 것이다. 나는 더 외로워졌고 더 힘들어졌던 것이다.

내가 "오빠, 오빠가 육아에 잘 참여해 준다는 사실에 너무 고마워. 하지만 나 아직 많이 힘들어. 밖에 나가서 바람도 쐬면 좀 나아질 것 같은데 지후 더 봐줄 수 있어?"라며 부드럽고 구체적으로 표현했다면 남편도 부드럽게 받아 줬을 것이다. 나도 남편에게 더 고마워했을 것이다. 서로의 감정이 상하는 일은 없었을 것이다. 자신의 감정을 제대로 표현해야 도움을 받아 빨리 극복할 수 있다. 남편도 아내를 이해하려고 노력할 수 있는 것이다. 육아 우울증은 누구보다 남편의 도움이 필요하다.

우울은 '마음에 걸리는 감기'라고 한다. 감기는 어느 특별한 사람에게만 걸리는 것이 아니다. 언제나, 누구에게나 걸릴 수 있는 것이다. 감기는 조금 쉬거나 약을 먹으면 쉽게 낫는 질병이다. 감기로 이비인후과를 가는 것은 아무렇지도 않지 않은가? 그런 감기 같은 것이 우울이라는 것이다. 나도 마음에 감기가 걸렸다고 생각하면 된다. 육아 우울증은 절대로 창피하거나 유난스러운 것이 아니다. 자신의 상태를 판단해서 조금 쉬든가, 치료를 받거나, 자신의 노력으로 극복하면 된다.

나는 먼저 노력해 보기로 했다. 내 안의 감정을 먼저 알아보기로 한 것이다. 나는 나에게 지금 무엇을 원하는지 끊임없이 질문했다. 꼬리에 꼬리를 무는 질문을 하다 보니 결국 답이 나왔다. 일과 육아 두 마리 토끼를 다 잡는 멋진 엄마가 되고 싶었다. 집에서 육아만 하며 아이를 기다리는 엄마, 남편의 퇴근만을 기다리는 엄마가 아니었다. 내 삶을 주체적으로 이끌어가는 엄마가 되길 바랐다. 언제나 열정적인 엄마, 아이와 함께할 때에는 육아에 집중하는 엄마. 바로 워킹맘이다. 그런데 워킹맘을 하기로 결정하면서도 내 안에 갈등이 참 많았다.

돌이 막 지난 어린아이를 어린이집에 보내고 워킹맘을 선택하기가 미안해진 것이다. 아직 엄마의 사랑과 손길이 더 필요한 아이인데 다른 사람에게 맡긴다는 사실에 죄책감이 들었다. 혹시 아이가 아프기라도 하면 조퇴, 결근을 해야 하는데 눈치를 봐야 하는 사실이 싫었다. 누구나 그럴 것이다. 아는 언니 한 명이 워킹맘으로 지내며 자신의 삶이 있다는 사실에 행복해했다. 하지만 아이가 아프면 무너졌었다. "무엇을 위해 일하는지 모르겠다."고 말했었다. 그렇다고 전업주부로 남기에는 매일 24시간을 아이만 바라보며 사랑해 줄 자신도 없었다.

드라마 〈미생〉에 나오는 워킹맘 선 차장의 모습은 이 시대 워킹맘의 비애를 보여 준다. 선 차장은 회사에서는 인정받고 똑부러지는 여자다. 하지만 육아 문제로 고민했다. 어린이집에 아이를 데리러 가야 하는데 퇴근을 하지 못하는 일도 발생한다. 그러다 어느 날 아이가 그린 그림을 보고 충격을 받는다. 아이는 엄마 얼굴을 제대로 보지 못해 그림에 있는 엄마 얼굴에 엄마의 표정이 없었다. 출근하기 전에 아이를 어린이집에 데려다주고 바쁘게 회사로 출근한다. 한번은 어린이집에 딸 소미를 데려다주고 돌아서는데 한참 동안 엄마의 뒷모습을 보고 있다는 사실을 알게 된다. "난 내 아이에게 뒷모습으로만 기억되는 엄마였어."라고 말한다.

직장을 다니는 워킹맘의 현실이다. 아무리 시대가 바뀌었다고 해도 아직은 육아는 여자의 몫이라는 인식이 크다. 회사에서는 일을 제대로 해야 한다. 그러다 보니 가장 중요한 내 아이가 뒷전이 되는 경우가 많다. 이러한 현실이 일과 육아를 병행하는 것은 정말 어려운 일이라는 것을 보여 준다. 일과 육아를 다 해내는 멋진 엄마가 되고 싶으면서도 한편으로는 고민이 되는 것은 당연하다.

그러다 깨달은 것은 워킹맘의 육아 스트레스는 엄마의 마음가짐과 태도의 문제라는 것이다. 내가 진정으로 좋아하고 원하는 일, 열정적인 일을 한다면 이것은 문제될 것이 없었다. 오히려 활력을 얻게 되어 아이와 함께하는 시간에 열정을 더하게 된다. 워킹맘을 선택할 때에는 경제적인 상황이라는 이유도 있지만 자아 실현이라는 이유도 있다. 회사에서 인정받고 성취감을 느끼며 자존감이 낮아진 나를 다시 찾는 것이다. 엄마가 자존감이 높으면 아이도 자존감이 높다. 또 우울한 상태로 아이와 종일 함께 있는 것보다는 짧지만 활력이 넘치는 상태로 함께하는 편이 훨씬 좋다. 워킹맘이 된다는 사실로 아이에게 미안해할 이유가 없다는 것이다.

자신이 일에 대한 확신을 가지고 열심히 하면 된다. 하기 싫은 일을 억지로 하면서 돈을 번다기보다는 자신이 좋아하는 일에 열정을 다하면 자존감은 더 높아진다. 그래서 나는 정말 내가 좋아하는 일을 하기 위해 자기 계발을 시작한 것이다. 매일 힘들고 우울하기만 했던 육아가 점점 나아졌다. 게다가 이것을 일로 연결시키면 아이를 보면서 내 일도 할 수 있는 시스템이 구축될 것이라고 확신했다. 그렇게 나는 회사로 출근하는 것이 아닌 집으로 출근하게 되었다.

더 나은 삶을 살기 위해 도전하게 되었다. 모든 자기 계발서를 읽어보면 초긍정 에너지를 받는다. 저자들은 대부분 '포기하지 마라.', '긍정적인 생각만 해라.', '시련은 나를 더 발전시킬 수 있는 기회이다.' 라고 충고한다. 성공한 사람들의 사례와 마인드가 나온다. 육아하는 엄마와 관계가 없어 보일 수 있지만 그렇지 않다. 성공한 사람들은 누구나 자존감이 강하고 긍정적인 생각만 한다. 이런 에너지들이 어느새 나에게도 전파되어 긍정적인 생각으로 가득하게 되었다. 우울하다며 나

약해진 정신을 꽉 잡아주었다.

어느새 나는 앞으로 더 나아갈 방법, 더 멋지게 성공한 엄마가 될 방법을 찾고 있었다. 더 발전한 엄마가 되기 위해 노력하고 있었다. 힘들고 우울하다고 생각할 틈이 없었다. 나도 모르게 자존감이 높아졌고 진정한 나의 모습을 찾았다.

육아를 하며 나를 잃어버리는 것 같아 겪게 되는 것이 육아 우울증이다. 엄마가 아닌 자신을 찾아 달라고 '나' 라는 자아가 몸부림치는 것이다. 그때 스스로에게 질문하고 답하며 비로소 '나'를 찾으면 된다. 그것이 자기 계발의 시작이다. 자기 계발을 함으로써 자존감 높은 엄마가 될 수 있다. 긍정마인드로 가득 찬 엄마가 된다. 엄마의 자존감이 높아야 아이의 자존감도 높다. 자존감 높은 엄마가 아이에게는 최고의 선물이다. 육아를 하는 날들은 아이와 함께 엄마도 더 멋지게 성장할 수 있는 귀한 시간이다. 시간은 다시 돌아오지 않는다. 자기 계발을 해서 귀한 시간을 허투루 보내지 않기를 바란다.

내가 자기 계발을 하게 된 이유

우리 아빠는 책, 신문, 뉴스 등을 많이 보신다. 특히 화장실에 한번 들어가시면 책을 읽느라 나올 줄을 모르신다. 가끔 엄마가 "화장실에 빠졌어?"라고 묻곤 했다. 내가 어렸을 때 우리 아빠는 건재상을 운영하셨다. 건물을 지을 때 기본이 되는 벽돌, 모래, 시멘트, 자갈 등을 납품하는 일이었다. 이 일은 아침 일찍부터 일과가 시작된다. 건축을 할 때 하루 일이 시작되기 전에 납품이 완료되어야 했기 때문이다. 게다가 벽돌, 시멘트를 나르기 위해서는 굉장한 체력이 필요했다. 우리 아빠는 늘 새벽같이 출근하고 밤이 되어서야 들어오셨다.

아빠는 항상 바쁘셔서 함께 놀러 가 본 기억이 별로 없다. 그렇게 열심히 일하셨지만 아빠 사업에 부도 위기가 찾아왔다. 1997년 내가 초등학교 2학년 때 IMF가 터진 것이다. 이 시기에는 우리 아빠뿐 아니라 전 국민이 살기가 힘들었다. 국가의 부채를 갚기 위해 온 국민이 '금 모으기 운동'에 동참하던 시기였다. 우리 집도 타격을 받았다. 잘 살지는 않았지만 꽤 큰 집에 살았었다. 방이 4개가 있었고 집안에서 세발자전거를 타고 놀았다. IMF가 터지고 우리 집은 방 2개짜리 작은 빌라로 이사를 가게 되었다.

우리 아빠는 더 바빠졌다. 어떻게든 가족을 지키고 먹여 살리기 위해 혼신의 힘을 다하셨다. 더 일찍 출근하고 한밤중에 퇴근하며 일하셨다. 그 당시 나는 9살이었지만 아빠가 힘들어 보였다. 지금 생각하면 정말 초인적인 의지로 버티신 것 같다. 그래도 아빠는 항상 웃고 계셨다. 밝은 표정으로 나를 반겨 주셨다. 성격도 서글서글하고 유머러스해서 주변 사람들에게 인기도 좋았다. IMF라는 힘든 세상 속에서도 항상 긍정 마인드를 가지고 계셨다.

그렇게 생활하신 지 1년 후쯤 PC방까지 개업하셨다. IMF란 국가의 위기 속에서 PC방은 대박 행진 중이었다. 특히 스타크래프트 게임이 대유행을 하면서 PC방은 초만원을 이루었다. 프로게이머라는 직업도 생겨났다. 초등학생이었던 나도 엄청나게 빠른 손놀림으로 스타크래프트 치트 키를 치고 있었다. PC방은 24시간 영업을 해야 했다. 아빠는 쪽잠을 주무시며 새벽까지 일하셨다. PC방을 운영할 때에는 전업주부였던 엄마도 돌아가면서 일하셨다. PC방은 오래 운영하지는 못했지만 그래도 수입은 꽤 괜찮았던 모양이다. 부도 위기도 벗어나고 어느 정도 수입을 올리고 PC방을 정리했다.

그 이후 아빠는 건재상을 운영하면서 또 다른 도전을 하셨다. 건재상은 굉장한 체력이 필요하기 때문에 나이를 먹어서도 계속 할 수가 없었다. 체력을 덜 쓰면서도 오래도록 일하실 수 있는 건축 사업체를 운영하기 위해 공부하셨다. 이미 건축 사업체를 운영하시던 큰아빠에게 일을 배우기 시작하셨다. 경제 상황이 좋지 않았지만 자기 계발을 하셨다. 우리 아빠는 매일 쪽잠을 주무시면서도 끝까지 포기하지 않으셨다. 그렇게 성장한 우리 아빠는 건축 사업체를 운영하게 되었다.

건재상, PC방을 하던 소매업자에서 사업가로 성장하셨다. 힘들어도 포기하지 않고 도전하셨다. 자기 계발을 통해 자신을 발전시켜 지식, 기술, 노하우로 일하게 된 것이다. 오로지 몸을 쓰며 힘들게 일했던 예전보다 몸도 편해졌고 수입도 훨씬 많아졌다. 우리 집의 경제 상황은 어떨까? 눈에 띄게 좋아졌다. 지금은 친구들과 함께 해외여행도 다니신다. 취미로 골프도 즐기신다. 고향에 별장을 지으려고 땅을 사 놓고 인테리어를 구상하며 즐거운 나날을 보내신다.

'하늘이 무너져도 솟아날 구멍이 있다.'라는 속담처럼 어떤 어려운 상황 속에서도 살아날 방법은 있다. 어떤 상황이든지 포기하지 않고 긍정적인 마음을 가져야 한다. 긍정은 긍정을 끌어당긴다. 극한 상황 속에서 더 폭발적인 힘이 나오게 되는 법이다. 더 이상 떨어질 곳이 없기 때문에 앞만 보고 달려갈 수 있기 때문이다. 더 나은 삶을 살려면 나보다 먼저 성공한 사람을 만나야 한다. 그 사람을 멘토로 삼고 제대로 배워야 한다. 우리 아빠에게는 큰아빠가 멘토였던 셈이다.

하지만 주변에 성공한 사람이 없을 수도 있다. 그렇다면 서점으로 가면 된다. 서점에 있는 수많은 책을 통해 저자를 나의 멘토로 삼으면 된다. 저자의 경험과 노하우를 습득하면 된다. 간접적으로 경험하는 것이다. 그들의 삶의 방식이 자신의 삶을 변화시킬 것이다.

나는 육아 휴직을 하고 아이를 보면서 휴직 기간이 끝나면 일하러 나가겠다고 했다. 그런데 한편으로는 걱정이 되었다. 맞벌이를 하더라도 최소 월 200만 원 이상의 월급을 받아야했다. 영양사로 일하면서 200만 원 이상의 월급을 받으려면 중소기업 이상의 정규직으로 들어가야 한다. 그런데 남편과 내 스케줄을 아무리 조절해도 아이를 어린이집 종일반에 맡길 수도 없었다. 결국 단시간 아르바이트로 근무해야 하는데 만족할 수 없을 만큼 너무 적었다. 구직 사이트를 다 뒤져 봐도 내 눈에 띄는 회사는 없었다.

대학원까지 졸업했고 4년이라는 경력도 있었지만 다 무용지물이었다. 턱없이 적은 월급과 계약직 신세를 피할 수 없었다. 그 월급으로는 도저히 답이 보이지 않았다. 맞벌이를 하는 이유는 생활이 좀 더 나아지기를 바라는 마음 때문이다. 내 아이에게 원하는 걸 뭐든지 해주고 싶었는데 할 수 없었다. 더 나은 삶을 바라며 열심히 살지만 열심히만 살게 될 것 같았다. 이미 직장 생활을 해봤기에 해보지 않아도 예측할 수 있었다.

게다가 직장을 새로 구해 일한다 해도 언젠가는 퇴직을 해야 한다. 특히 여자들의 퇴직은 더 빠르다. 정규직으로 취직을 한다고 해도 40

대 초중반까지이다. 높은 직급으로 승진하지 않는 이상 결국 다시 주부의 생활로 돌아오게 된다. 40대, 그러니까 지금부터 10년 뒤이다. 10년 뒤에 내 모습을 생각하니 막막했다. '40대에 아줌마가 할 수 있는 일은 무엇일까?', '죽 영양사만 해오다가 다른 직업을 갖는다는 것이 쉬울까?', '새로운 직업을 위해서는 공부를 해야 하는데 그게 잘될까?', '그럼 그땐 뭐하지?' 라는 생각이 끊이질 않았다.

결국 나도 아빠처럼 계속 할 수 있는 일을 찾아야 했다. 점점 월급을 받는 회사 생활이 아니라 우리 아빠처럼 내 일을 해야 할 것 같다는 확신을 갖게 되었다. 더 늦기 전에, 육아 휴직을 하고 있는 지금, 하루라도 젊을 때 그 일을 찾아야 했다. 그래야 온전한 나로 살아 갈 수 있을 것이라 생각했다. 직장 상사의 눈치를 보며 육아를 하지 않아도 된다고 생각했다. 10년이라는 귀한 시간을 많지도 않은 돈만 벌기 위해 보내기엔 너무나 아까웠다.

여느때와 같이 독서를 하던 중 김태광 작가의 책《반 꼴찌, 신용불량자에서 페라리, 람보르기니 타게 된 비법》을 읽다가 확 꽂힌 문구들이 있다. '당신은 내일 당장 지금 하는 일을 그만 둘 수 있습니까?', '하루 여덟 시간씩 일하다가 사장으로 승진하여 하루에 열두 시간씩 일하게 될 것입니다.'였다.

내가 회사 생활을 할 때, 봐 왔던 모습들이었다. 승진하면 더 늦게까지 일하는 대리, 과장을 많이 봐 왔다. 단체 급식 회사였기 때문에 업장 관리를 위하여 전국으로 다녀야 했다. 신입 직원들이 실수를 하면 수습

하러 다니기 바빴다. 갑의 위치에 있는 계약 업체의 담당자에게 인사를 다녔던 것이다. 자기 계발을 해서 내가 원하는 일, 가슴이 뛰는 일을 해야겠다고 더 굳게 다짐할 수 있었다.

요즘 대부분 더 나은 삶을 위해 맞벌이 가정으로 살아간다. 그런데 아무리 맞벌이를 해도 생활이 크게 달라지지 않는다. 아이가 자랄수록 들어가는 돈은 더 많아진다. 부모의 월급의 인상 속도는 아이의 성장을 따라가지 못한다. 결국 열심히 일하지만 더 힘들어지는 기분이 든다. 돈을 아무리 모아도 제자리라는 것이다. 아이가 원하는 모든 것을 다 해주고 싶지만 그럴 수 없어 속상하기만 하다. 아무리 일해도 회사는 나를 책임져 주지 않는다. '나는 육아를 해야 해서 다른 일은 할 수 없어.'라고 생각하면 안 된다. 상황에 맞춰 살지 말고, 살고 싶은 대로 상황을 만들어 가야 한다. 자기계발을 통해 무한한 발전 가능성이 있는 나를 만들어가야 한다. 이제부터는 '나는 육아를 하는 엄마이기에 무엇이든지 할 수 있다.'라고 생각해야 한다.

07

내가 1인 창업을 하게 된 이유

아이와 부모가 나오는 TV프로를 본 적이 있다. 7살쯤 된 남자아이에게 질문을 했다.

"가난하지만 잘 놀아 주는 부모님이 좋아요? 자주 놀아 주지는 못하지만 돈이 많은 부모님이 좋아요?"

"음, 잘 놀아 주는 부모님도 좋지만 그래도 돈 많은 부모님이 좋아요!"

"왜요?"

"돈 많은 부모님은 함께 여행을 갈 수 있잖아요. 더 좋은 추억을 많이 만들 수 있어서 좋아요."

나는 아이의 당당함에 깜짝 놀랐다. 아이는 정말 자신이 생각하고 있는 진심을 말하고 있었다. 방송 프로그램에 나온 출연자들도 당황했었다. 아무리 돈이 중요시되는 세상이지만 어린아이까지 그렇게 생각할 줄은 몰랐다. 그 당시 나는 20대 초반이었는데 '정말 열심히 돈을 벌어야겠구나.'라고 생각했다. 이때부터 나는 워킹맘이기를 선택했던 것 같다. 예전에는 동네에 나가면 놀이터에 아이들이 많이 있어서 함께 놀 수 있었다. 이웃간의 정도 두터워 공동육아를 하는 일도 많았다. 어딘가를 가지 않아도 좋은 추억을 만들 수 있었다.

하지만 지금 시대는 좀 달라졌다. 나도 부모님과 여행을 자주 다니지 못한 편이라 여행을 자주 가는 친구들이 부러웠다. 나와는 다른 특별한 추억을 가진 것이 좋아 보이기도 했다. 어릴 때 자라온 나의 환경을 보면서 내 아이에게는 추억을 많이 만들어줘야겠다고 다짐했다. 여행이나 나들이를 통해 함께하는 시간을 많이 갖기로 한 것이다. 그래서 남편이 쉬는 날이면 대부분 가까운 곳이라도 외출을 한다. 이러한 생각은 요즘 부모들에게는 다 퍼져있다. 아이를 어린이집에 데려다 주면 어떤 아이가 등원을 하지 않는 경우를 흔히 볼 수 있다. 어린이집 선생님도, 다른 엄마들도 '아빠, 쉬는 날이구나.'라고 아주 자연스럽게 생각하게 되는 것만 봐도 그렇다.

어릴 때 자라온 환경은 육아관에 많은 영향을 끼친다. 우리 부모님 세대는 IMF라는 나라의 위기도 있었고 먹고 살기만 해도 빠듯한 세대였다. 여행, 여가라는 생활에 대부분 익숙하지 않았다. 부모님과 함께하는 시간을 많이 갖고 싶어도 하루라는 시간도 내기 어려웠다. 가족 여행을 자주 가는 집은 그리 많지 않았다. 그런데 지금 우리 세대는 급변하는 사회 속에서 여행, 여가 문화가 떠오르면서 가족과 함께 하는 시간을 여행으로 특별하게 보낸 다는 가치관을 갖게 되었다. 이 가치관들을 부모님 세대와 나눌 수 없었기에 내 아이에게는 그러지 말아야겠다는 생각도 많이 차지한다.

그리고 맞벌이 부모가 많은 요즘, 매일 일하느라 지친 상태이기 때문에 대화할 시간도, 아이와 함께할 시간도 줄어들 수밖에 없다. 이것을 여행으로 함께 하며 서로에게 집중하는 것이다. 평소에 자주 할 수 없으니 짧은 시간이지만 더 특별하고 기억에 남게 하기 위한 행동들이다. 아이에게 집중했다는 안도감도 들면서 부모 자신들도 마음에 여유를 주는 것으로 심리가 작용하기도 한다. 이렇듯 아이와 함께 하는 시간을 특별하게 보내기 위해서는 경제적으로 여유가 있어야 하는 것도 사실이다. 그렇기 때문에 다들 맞벌이를 선택하는 것이고 아이도 돈 많은 부모가 좋다고 말하는 것이다.

대학교를 졸업한 후로부터 잠깐의 공백기 없이 회사를 다니며 돈을 벌었다. 더 나은 삶, 더 많은 돈을 벌기 위해 직장을 옮겨 일했지만 돈은 쉽게 모이지 않았다. 열심히 일하면 언젠가는 잘살게 될 줄 알았다. 더 나은 삶을 원했는데 그저 개미처럼 열심히 일하기만 했다. 그마저도 결혼 자금으로 일부 쓰고 나니 더 없었다. 게다가 아이를 출산하면서 벌이는 반으로 줄었다. 써야 할 돈은 자꾸만 늘어갔다.

요즘 대부분의 젊은 부부들은 노후 준비를 하지 못하고 있다고 한다. 2018년 8월 22일 현재, 은행 입출금 통장의 예금 이자율은 0.1%다. 그나마도 5천만 원 이상 예금 저축을 해야 0.2%다. 적금을 들어도 2%대를 벗어나지 못한다. 보험 저축으로 눈을 돌려도 2.7%대다. 아끼고 아껴서 돈을 모아도 그대로다. 이런 상황에 노후 준비? 어떤 집이든 쉽지 않을 것이다. 집안의 경제 상황도 육아 스트레스의 원인이 될 수 있다. 돈은 없는데 써야 할 돈을 자꾸만 늘어가니 엄마는 점점 더 압박을 받게 되는 것이다.

이러한 경제 상황으로 인해 일하는 주부의 수가 점차 늘어나고 있다. 우리 주위에서도 쉽게 볼 수 있다. 《한국무역신문》 기사에 따르면 전업주부들이 창업 신문의 블루칩으로 떠오르고 있다고 한다. 전업주부 수가 2014년 741만 3,000명을 정점으로 3년 연속 감소세를 보이더니 2017년에는 694만 5,000명까지 줄었다. 이는 사회 인식의 변화 탓도 있지만 남성 중심 산업인 자동차, 조선업이 구조 조정을 하면서 타격을 입었다는 사실도 크다. 옛날부터 집안의 가장인 남성이 흔들리는 시대가 되면서 더 많은 전업주부들이 일터로 나서게 된 것이다.

하지만 주부들은 육아도 놓칠 수 없기 때문에 직업을 갖기에 많은 제약이 있다. 따라서 자신의 상황에 맞는 1인 창업을 많이 선택한다. '소자본, 쉬운 운영, 다양한 아이디어 상품 개발'이 창업 아이템의 핵심이다. 자신이 좋아하는 일, 가지고 있던 지식, 능력을 활용하여 창업하는 것이 최고의 아이템이다.

창업을 하면 SNS 마케팅은 필수이다. 소매업, 도매업, 개인사업자, 법인사업자, 기업 모두가 SNS 마케팅에 열을 올린다. 나도 일을 시작했기에 SNS를 본격적으로 시작했다. 일상과 생각을 함께 공유하는 공간이기도 하다. 처음 시작할 때에 특별할 것 없는 일상과 나 자신에 대해 자신감이 없었고 부끄러웠다. 얼굴이 예쁘거나 몸매가 좋은 엄마, 모델처럼 귀여운 아이만 자신 있게 올리는 공간이라고 생각했다. 하지만 정말 신기한 일이 일어났다. 새로운 인맥, 여러 사람들의 생각을 얻을 수 있었다. 그리고 매출도 자연스럽게 늘어났다. 시장에서 천 원어치 콩나물을 사면 오백 원어치 덤을 받는 것과 같았다. 하루하루가 갈수록 나의 삶이 더 재미있어졌다.

나는 SNS의 매력에 푹 빠졌다. 제품을 만들게 된 이유를 올렸다. 어떻게 육아 우울증을 극복했는지, 나만의 육아법 등을 공유했다. 나는 워낙에 에너지 넘치는 우리 아이 덕분에 남들보다 조금 더 힘든 육아를 경험했다. 똑같이 잠을 재우는 경우라도 쉽게 재우는 방법을 더 많이 알게 되었다. 화가 나는 순간에도 효과적으로 내 감정을 다스리는 방법을 알게 되었다. 이러한 것을 공유했더니 나와 같은 엄마들로부터 많은 공감을 얻었다. 나에게 위로를 해주고 힘을 얻어가기도 했다.

다른 사람들의 SNS를 보면서 내가 겪었던 우울증이나 육아에 대한 고민을 하는 사람들을 보면 먼저 조언을 해주었다. 그렇게 진심을 다해 소통하니 사람들은 나를 좋아해준다. 일과 육아를 균형 있게 잘 해내는 나를 보면서 응원해주는 사람들이 늘어났다. 개인적인 메시지로 상담을 원한 사람도 있었다. 나는 내 과거를 생각하며 진심으로 조언해 주었다.

시간이 갈수록 자존감이 더 높아졌다. 나의 긍정 에너지는 SNS에서도 느껴지는 것 같다. 사람들은 내 글과 사진을 보며 긍정 에너지를 받아 간다고 한다. 마음에 여유가 생긴채로 육아를 하게 되었다. 나 역시 다른 사람들의 육아법도 배울 수 있었다. 우리 아이에게 맞게 적용하며 육아법을 연구했다. 시도 때도 없이 아이와 내 사진을 찍게 되었다. 더 좋은 곳, 예쁜 장소를 찾아가서 사진으로 즐거움을 공유했다. 반응은 더 좋았고 비록 직접적으로 알거나 얼굴을 보는 사이는 아니지만 서로에게 좋은 영향을 미치는 공간임은 틀림없다.

단순히 내 상품을 홍보하기 위해 시작했던 SNS에서의 또 다른 발견이었다. 힘들었던 육아 스트레스, 우울증을 겪은 경험이 다른 사람에게 조언을 해줄 수 있다는 사실을 알았다. 자신감, 자존감이 없던 내가 과거의 나 같은 사람을 보면 도와주고 싶은 마음이 들게 된 것이다. 엄마들은 모두 특별하고 아름다운 여자라는 사실을 깨닫게 해주고 싶었다. 돈도 돈이지만 자아실현, 보람 있는 삶을 위해 부모 감정 코칭을 하며 계속 일하고 있다.

불안할수록 나에게 투자하라

요즘은 자식에게 노후를 기대려는 부모는 거의 없다. 오히려 부모는 자식이 부모보다 더 많은 것을 배우고 누리며 살 수 있게 해주는 경우가 많다. 결혼까지 시켜 주고 그 후에도 많은 도움을 주며 살아간다. 그래도 점점 더 살기 힘들어지는 시대이기 때문에 자식은 자기 앞날 챙기기에도 바쁘다. 부모는 아이가 더 좋은 환경에서 더 행복하게 자라기만을 바라는 마음이다. 결국 부모는 부모의 앞날은 스스로 챙겨야 한다.

길을 다니다 보면 리어카에 박스나 폐지를 주워 싣는 할머니, 할아버지를 자주 보게 된다. 예전에는 '힘드시겠다.'라는 생각뿐이었는데 지금은 좀 다르다. 나도 아이가 있는 엄마가 되고 보니 '자식을 위해 헌신하셨구나.'라고 생각하게 된다. 자식에게 헌신하시고 정작 본인들은 돌보지 못한 것이다. 지금과는 시대가 좀 다르긴 하지만 할머니, 할아버지도 본인들을 위해 투자할 방법은 있었을 것이다. 하지만 그렇지 못했기에 다른 일은 할 수가 없는 것이다.

얼마 전 인터넷에 '임상아 가방'이라는 실시간 검색어가 등장했다. 임상아 가방은 세계적으로 유명한 할리우드 스타인 리한나, 앤 해서웨이, 비욘세, 브룩 실즈 등이 들어 더 유명해졌다. 임상아는 1990년 대 최고의 가수 겸 배우였다. 그녀는 데뷔 3년 만에 연예계 은퇴를 선언하고 뉴욕으로 떠났다. "짧은 시간 동안 큰 성공을 거두면서 일의 노예가 된 느낌이었다. 이미지 때문에 말할 수 없는게 답답했다." 라고 이유를 말했다. 뉴욕으로 떠난 그녀는 파슨스 디자인 스쿨에 입학 후 마케팅, 디자인 과정을 배웠다. 해외 유명 잡지사 인턴으로 밑바닥부터 일하며 일을 배웠다.

2006년 그녀는 자신의 이름을 건 가방을 론칭했다. 미국 내 약 20개의 매장을 오픈했다. 전 세계 20여 개 국가에 진출해 명품 브랜드로 자리매김했다. 2015년에는 국내에도 두 번째 브랜드를 론칭했다. '임상아 백'은 수백만 원에서 수천만 원대까지 이르는 고가의 브랜드가 되었다. 그녀는 낮에는 열심히 일하는 워킹맘, 밤에는 한 아이의 엄마로 살고 있다.

그녀가 명품 디자이너로 성공할 수 있었던 이유는 무엇일까? 자신이 원하는 삶을 살고자 하는 열정과 절실함이 있었기 때문이다. 자신이 원하는 삶을 위해 자신에게 투자했다. 연예인으로서의 성공한 삶은 과감히 포기했다. 낯선 곳에서 열정과 의지로 새롭게 배워나갔다. 성공한 연예인이라 경제적으로 여유가 있어서 더 쉬웠을 것이라 생각할 수도 있다. 하지만 내가 보기엔 그렇지 않다. 큰 성공을 뒤로 한 채 자신의 꿈, 원하는 삶을 위해 새로운 시작을 한다는 것은 더욱 힘든 일이다.

나는 내 미래, 우리 가족의 미래를 상상해 보았다. 당장 10년 후만 하더라도 지금 이대로는 미래가 밝아 보이지 않았다. 이대로라면 나는 여전히 아무 발전 없이 나이만 먹은 여자일 것 같았다. 그저 집에서 청소, 빨래, 설거지를 하며 동네 엄마들과 수다만 떠는 모습일 것만 같았다. 회사를 다닌다고 해도 내가 원했던 멋진 여자, 멋진 엄마의 모습은 보이지 않았다. 아이에게 모범이 되는 엄마, 존경받는 엄마, 닮고 싶은 엄마가 되고 싶었는데 그럴 수 없을 것 같았다.

게다가 경제적 면에서도 겨우 현재를 유지하는 정도밖에 안 될 것 같았다. 아이가 커 갈수록 아이에게 들어가는 비용은 어마어마하다. 혹시라도 남편이 실직을 하거나 일찍 퇴직을 하게 되는 경우 앞으로의 삶은 막막했다. 이러한 현실이다 보니 나라에서 1억 원을 준대도 아이를 안 낳겠다는 사회가 되어 버린 것이다. 우리나라 출산율이 전 세계 꼴찌인 이유가 여기 있다.

육아를 하는데 불안한 미래는 큰 스트레스로 다가온다. 육아만 전담하는 엄마는 생계에 부담을 느끼게 된다. 결국 워킹맘을 선택해야 하는데 오로지 돈을 벌기 위해 억지로 회사에 출근하고 육아까지 하는 삶은 피곤하기만 하다. TV나 회사 생활을 하다 보면 집에 가면 더 피곤하다며 퇴근하지 않는 과장, 차장 등 상사들을 많이 보지 않는가? 아마 누구도 이러한 삶을 원하지는 않을 것이다. 그런데 내가 좋아하는 일을 한다면 그 반대이다. 오히려 힘이 넘치고 마음이 좋아져 아이를 만나러 가는 발걸음은 너무나 가벼워질 것이다.

살다 보면 '내 삶은 어디로 간 거지? 내 인생은?'이라는 생각을 하게 되는 순간이 생각보다 많지 않다. 어릴 때는 크면 내 삶이 확실해질 것 같았다. 대학교를 들어가서 진로를 정하면 내 인생은 꽃필 줄 알았다. 회사를 들어가 직장 생활을 할 때에는 결혼을 하고 아이를 낳으면 여자로서 행복한 인생, 행복한 삶을 살 줄로만 알았다. 매일, 모든 순간이 미래와 연결 되고 추억이 되는 법인데 좋은 추억으로 남기려고 노력하지 않았다. 그리고 현실과 마주한 순간, 되돌아갈 수 없는 힘든 순간이 되어서야 불안함을 느끼게 된 것이다.

누구에게나 추억이 있다. 추억은 잊고 싶은 추억과 평생 기억하고 싶은 추억 두 가지가 있다. 과거에 어떤 노력이 현재 좋은 결과를 가져다 줬다면 좋은 추억이다. 같은 일이라도 기분이 좋았을 때에 일어났다면 좋은 추억으로 남는다. 그 반대라면 나쁜 추억이며 잊고 싶어 한다. 추억이라는 것은 잊고 싶어도 잊을 수 없다. 짧든, 길든, 좋든, 나쁘든 한 사람 인생의 큰 부분을 차지한다. 그렇기 때문에 우리는 모든 순간을 나쁜 추억이 아닌 좋은 추억으로 남기도록 노력해야 한다. 나쁜 추억을 가지고 있다면 잊으려는 것이 아니라 나쁜 추억이 된 원인을 찾아내어 앞으로의 삶에서 바꾸면 된다.

육아도 부모의 인생에서 절대로 지울 수 없는 일이다. 엄마 자신의 삶도 절대 잊을 수 없는 소중한 부분이다. 그리고 아이는 금방 자란다. 엊그제 임신 사실을 안 것 같은데 어느새 출산을 했다. 손이 어디 있는지도 모르고 눈도 잘 못 마주쳤던 신생아가 어느새 뒤집고 배밀이를 하며 엄마와 손을 잡고 걷는다. 때로는 떼를 쓰거나 고집을 부려서 엄마를 힘들게도 하지만 다 그리운 추억이 된다. 추억은 주관적인 것이기 때문에 생각하는 대로 남게 된다. 따라서 지금 이 시간도 자아를 만남으로써 소중히 보내야 한다. 그렇다면 막막하고 불안한 미래는 어느새 환한 빛이 비추는 미래가 될 것이다.

육아는 마라톤과 같다. 아이는 태어난 순간부터 어른이 되기 위해 끝이 없이 달리기를 하고 있다. 엄마도 그 과정을 지나왔고 함께 달려가고 있는 것이다. 내 아이를 돌보면서 말이다. 아이가 성인이 되어 가정을 꾸리는 어른이라는 목적지에 다다르면 엄마의 달리기는 끝이 난다. 그때는 남편과 서로를 의지하며 열심히 달려온 과거를 웃으며 추억할 것이다. '나이가 들면 추억을 먹고 산다.'라는 말도 있기에 매일 아이를 혼내고, 짜증 내며 힘들어 하는 모습으로 남길 수는 없다. 엄마이기 이전에 '나'라는 삶이 사라진 모습으로 남길 수는 없다. 매 순간 좋은 추억으로 남을 수 있도록 감정 조절을 해야 한다. 아이, 나, 가정의 미래가 불안할수록 현재를 좋은 추억으로 만들어야 한다.

앞에서도 언급했지만 현재를 좋은 추억으로 만들어 불안한 미래를 밝은 미래로 바꾸려면 나만의 시간이 꼭 필요하다. 그리고 잘 활용해야 한다. 나만의 시간을 보내는 방법을 8가지로 정리해 보았다.

1. 작은 사치로 일상 속에서 소소한 행복을 느낀다.
2. 하루를 돌아보며 셀프 칭찬을 한다.
3. 취미를 가진다.
4. 공동육아를 한다.
5. 일기를 쓴다.
6. 버킷리스트를 작성한다.
7. 꿈과 목표를 정한다.
8. 가슴이 뛰는 일을 찾는다.

사람은 편하거나 안주할 때가 가장 발전이 없는 법이다. 힘든 일이 있거나 극한의 상황에 처했을 때 절실해지고 크게 발전할 수 있다. 여자의 인생에서 행복하면서도 가장 힘든 순간은 육아를 하는 순간이다. 자신을 사랑하는 방법을 제대로 알게 되는 순간이기도 하다. 자신을 사랑하는 것이 아이를 사랑하는 것이다. 나를 제대로 알고 사랑하는 만큼 아이도 제대로 알고 사랑할 수 있다. 사랑하는 만큼 성장하게 된다.

엄마는 누구나 더 안정적이고 행복한 가정을 이루고 싶어 한다. 불안함과 걱정이 없는 가정에서 아이를 키우고 싶어 한다. 회사를 다니더라도 내가 좋아하는 일을 해야 한다. 앞으로 5년 뒤 내 모습이 불안하다면 자신에게 투자하여 미래를 준비해야 한다. 10년 뒤의 내 모습이 명확히 보이지 않는다면 내가 시도해 변해야 한다. 나에게 투자한 시간과 노력은 사라지지 않는다. 그게 무엇이든 엄마가 성장해서 갖췄다면 스스로 활용하기 나름이다. 내가 원하는 삶과 행복한 육아를 하는 미래를 생각한다면 기꺼이 나에게 투자할 만하다.

PART 5

엄마, 아내로 머무르지 말고 온전한 나로 살아가라

인생은 시간으로 이루어져 있다. 한번 지나간 시간은 다시 돌아오지 않는다. 육아 우울증을 겪는 순간마저도 다 기회가 된다. 어떻게 보내느냐에 따라 앞으로의 삶과 가정이 얼마만큼 행복 해질 수 있는지 결정된다. 엄마 인생의 방향을 결정하는 중요한 순간이다. 이 세상 엄마들은 모두 위대하다. 견딜 수 없을 것만 같았던 출산의 고통도 견뎌내었다. 어떤 일도 다 해낼 수 있다는 뜻이다. 엄마는 누구보다 가치 있는 존재이다. 나의 가치와 능력을 끌어내어 성장해야 한다. 성장하는 엄마는 자존감이 높다. 자존감이 높은 엄마는 자신을 사랑할 줄 안다. 아이도 제대로 사랑할 수 있게 된다.

아이는 엄마를 보고 자란다

아이가 세상에 나온 순간 제일 처음으로 마주하는 사람이 엄마이다. 가장 오랜 시간 엄마와 붙어 있으면서 생활한다. 아이가 제일 먼저 "엄마" 하고 옹알이를 하는 이유는 엄마와 함께하는 시간이 길고 "엄마"라는 단어를 가장 많이 듣기 때문이다. 아이는 부모의 많은 것을 스펀지처럼 흡수한다. 뒤집기, 말투, 걸음걸이, 밥 먹는 습관, 좋아하는 것, 싫어하는 것, 잠자는 모습, 화장실 가는 법까지 배운다. 아이와 함께 지내다 보면 '역시 내 아이구나'라는 생각이 드는 경우가 많을 것이다.

나는 우리 아이의 배변 교육을 놀면서 했다. 처음엔 변기를 장난감처럼 가지고 놀 수 있도록 적응기를 가졌다. 그러다 아이가 기저귀를 불편해하거나 응가를 해서 찝찝하다는 사실을 알았을 때 배변 교육을 시작했다. 나는 화장실에 가기 전에 항상 "지후야, 엄마 응가 하러 화장실 갔다 올게." 하고 말하며 아이에게 화장실 가는 모습을 보여 주었다. 처음에는 반응이 없었으나 내가 일을 보는 모습을 보고는 따라 하기 시작했다.

유아 변기 앉기에 성공한 다음부터는 응가 놀이를 했다. 응가를 할 때 힘을 주는 동작을 오버해서 표현한 것이다. 아이는 그 놀이를 재미있어 하더니 내가 화장실을 갈 때마다 따라 했다. 얼마 지나지 않아 배변 교육에 성공했다. 섭씨 40도에 다다르는 지독한 폭염이 계속되었던 2018년 여름, 우리 아이는 팬티를 입게 되었다.

육아는 가르치는 것이 아니라 보여 주는 것이다. 아이들은 놀이를 통해서 배운다. 억지로 교육시키려 하지 않아도 엄마를 보고 배우며 자라는 것이다. 아이들은 엄마의 행동을 따라 하는 '따라쟁이'이다. 작은 행동 하나하나까지 아이에게 엄마는 본보기가 되는 사람이다. 포크로 음식을 찍어 먹다가도 엄마의 젓가락질을 따라 한다. 엄마가 설거지를 하고 있으면 옆에 와서 설거지를 하겠다고 한다. 아이가 궁금증을 가지기 시작하면 스스로 할 수 있게 도와주기만 하면 된다. 아이의 모든 행동은 모방에서 기인된 것이기 때문에 엄마는 항상 조심해야 한다. 무의식중에 거친 말, 적절하지 않은 행동은 하지 않는지 확인해 봐야 한다.

하루는 아이를 데리고 키즈 카페에 놀러 갔다. 어린이집을 하원한 후라 아이들이 꽤 많이 있었다. 그날따라 초등학교 2학년쯤 되어 보이는 큰 아이들이 몇 명 있었다. 아이들의 노는 모습을 보다가 놀랐다. 한 아

PART 5 엄마, 아내로 머무르지 말고 온전한 나로 살아가라

이가 대장이 되어 5살 정도의 아이들까지 군대놀이를 하고 있었다. 대장이 된 아이가 "저기 노란 옷 입은 애 데려와!" 하면 아이들이 우르르 몰려가서 아이를 잡아 왔다. 그러면 그 아이를 한쪽 구석에 몰아넣어 때리는 것이었다. 아이들을 일렬로 줄을 세워 놓고 턱을 잡고 흔들며 훈계를 하는 놀이를 했다. 타깃이 된 아이는 심하게 울었지만 아이들은 대장이 멋있어 보였는지 졸졸졸 따라다녔다.

키즈 카페에 있던 엄마들은 그 장면을 보고 깜짝 놀랐다. 대장 노릇을 하는 아이는 누가 봐도 폭력적이었고 잘못된 놀이를 하고 있었다. 한 엄마가 군대놀이를 하지 말라고 이야기했지만 아이는 말을 듣지 않았다. 정작 중요한 대장인 아이의 엄마는 현장에 있지 않았다. 아이가 컸으니 키즈 카페에서 놀게 하고 쇼핑을 간 것이다. 한참 뒤에야 돌아온 엄마는 상황에 대해 알게되었다. 대장인 아이의 엄마는 빨개진 얼굴로 아이에게 가더니 혼을 내기 시작했다. 아이를 끌고 한쪽 구석으로 가서 무서운 표정으로 턱을 잡고 흔들며 혼을 냈다. 등짝을 때리기도 했다.

그제서야 아이의 행동이 어떻게 해서 이렇게 폭력적으로 나오게 된 것인지 이해가 되었다. 엄마의 행동을 똑같이 따라 한 것이다. 아이가 어떤 말을 해도 엄마는 듣지 않았다. 잘못된 행동에 대해서만 화를 내고 있었다. 아이가 왜 그런 행동을 했는지, 무슨 놀이를 했는지 보지도 못 한 채로 다른 엄마의 말만 듣고 무작정 혼을 내고만 있었다. 이런 일이 한두 번이 아닌 것 같았다. 아이의 행동은 고쳐지지 않았다. 무엇이 잘못되었는지도 잘 모르는 것 같았다. 다음에 그 아이를 한 번 더 본 적이 있는데 똑같은 놀이를 하고 있었다.

아이의 잘못된 행동이 반복되면 엄마도 화가 난다. 엄마도 사람이고 감정이 있기에 화가 안 날 수는 없다. 하지만 아이들은 혼나는 순간까지 엄마를 보고 배운다는 사실을 기억해야 한다. 혼내더라도 자신의 감정에 치우치면 안 된다. 아이의 잘못된 행동에 대해서는 분명하고 단호한 태도가 필요하다. 하지만 혼내기 전에 아이의 마음을 알아 줘야 한다. 아이의 감정을 읽고 공감해 줘야 한다. 아이가 잘못된 행동을 하는 데는 나름대로의 이유가 있다. 감정을 읽지 않고 공감해 주지 않으면 아이의 행동은 절대 고쳐지지 않는다. 혼내기만 하는 것으로는 반항심만 키울 뿐이다.

아이의 이야기를 듣지도 않고 화를 낸다면 아이는 엄마가 자신을 사랑하지 않는다고 생각한다. 사랑받지 못한 아이는 자존감이 낮아진다. 사랑과 관심을 받고 싶은 아이는 잘못된 행동으로 엄마의 관심을 끄는 것이다. 결국 악순환의 연속이다. 어떤 경우든 아이의 감정을 먼저 헤아려야 한다. 아이의 마음을 먼저 읽어 주면 아이는 서서히 변한다.

엄마는 누구나 좋은 엄마가 되고 싶어 한다. 아이에게 화를 내는 엄마가 되고 싶었던 사람은 단 한 명도 없을 것이다. 그런데 육아를 하다 보면 감정이 내 마음대로 조절이 안 되는 경우가 많이 생긴다. 세상에서 제일 마음대로 되지 않고 어려운 것이 육아다. 그래도 포기할 수 없기에 엄마는 끝없이 노력한다. 나는 마음을 다스리기 위해 〈좋은 엄마 10계명〉을 적은 종이를 냉장고에 붙여 놓고 수시로 본다.

〈좋은 엄마 10계명〉은 다음과 같다.

1. '나는 이미 좋은 엄마다!'라고 생각한다.

2. 하루 한 시간, 나만의 시간을 갖는다.

3. 항상 긍정적인 생각을 한다.

4. 아이에게 무한한 사랑을 준다.

5. 아이와 눈을 맞추고 공감해 준다.

6. 아이마다 배움과 성장의 속도가 다르다.
   조급하게 행동하지 말고 기다리자.

7. 아이를 절대 때리지 않는다.

8. 부모의 규칙과 결정을 설명하고 일관되게 행동한다.

9. 아이도 하나의 인격체임을 명심하고 존중한다.

10. 아이에게 스스로 할 수 있는 환경을 만들어 준다.

아이를 키우면서 '욱' 하지 않거나 화가 안 날 수는 없다. 의식적으로 마음을 다잡아야 하는 것이다. 예전에 육아가 지치고 힘들 때에는 마음을 다스릴 수 있는 뭔가가 없었다. 지금은 이 방법으로 아이를 대할 때 한 번 더 생각하게 된다. 이미 좋은 엄마이기 때문에 화가 났다가도 금방 풀고 아이를 안아 줄 수 있다. 눈을 마주치고 공감할 수 있게 되었다.

슈바이처 박사는 성공적인 자녀 교육법으로 "첫째는 본보기요, 둘째
역시 본보기요, 셋째도 본보기" 라고 했다. 아이에게는 백 마디 말보다
한 번의 행동이 중요하다는 뜻이다. 엄마들은 누구나 내 아이가 자존
감 넘치는 당당하고 멋진 아이로 자라기를 바란다. 그러려면 엄마가 본
보기를 보여야 한다. 인사 잘하는 아이로 키우고 싶다면 엄마가 인사를
잘해야 한다. 책 잘 읽는 아이로 키우고 싶다면 책 읽는 모습을 보여 주
면 된다. 능력 있는 아이로 키우고 싶다면 능력 있는 엄마가 되는 것이
다. 말로만 하는 육아가 아니라 행동으로 보여 줘야 한다. 아이가 직접
보고 자연스럽게 따라 하면 제대로 육아하고 있는 것이다.

02

언제까지 남편 월급으로 살 것인가?

대부분 사람들은 결혼 상대를 고를 때 나보다 나은 집안, 나은 조건의 상대를 고르려고 한다. 이 경우는 여자에게서 더 많이 볼 수 있다. 나도 그랬다. 우리 남편의 직업, 회사의 복지가 내가 다니던 회사의 조건보다 더 좋았다. 남편에게 의지하겠다는 마음을 가진 것이다. 남편의 직업, 조건이 나보다 더 좋으면 앞으로의 인생에서 걱정이 없는 것일까? 모든 면에서 안정되지 않을까? 그렇지 않다. 남편의 조건이 더 좋으면 좋을수록 남편의 실직, 퇴직이 걱정된다. 직장인들은 배우자의 실직이 가장 큰 두려움이다. 아이가 있는 집일수록 남편의 실직, 퇴직은 더 큰 두려움으로 다가온다.

나는 육아 휴직 기간이 끝난 후 회사로 복귀하지 않고 퇴직을 했다.

내가 좋아하는 일을 하겠다는 목표를 가졌었지만 한편으로는 남편에게 기대고 싶은 마음도 있었다. 월급이 많지는 않았지만 조금 아끼면 내가 일을 하지 않아도 생활이 가능했다. 게다가 진급 날짜가 얼마 남지 않았던 시기라 승진을 할 것이라는 기대를 하고 있었다. 그런데 승진을 하지 못했다. 남편에게 "괜찮아, 내년에 하면 되지! 열심히 일했으니 됐어."라고 말했지만 사실 좀 속상했다. 앞으로의 생활에 허리띠를 더 졸라매야 했다. 혹시라도 내년에도 승진을 못하는 것은 아닐까 하고 불안해지기 시작했다. 남편도 말은 하지 않았지만 많은 부담을 느끼고 있었다.

사람들은 퇴직이나 실직을 대비해서 재테크를 한다. 재테크의 종류는 적금, 펀드, 주식 등이다. 이런 재테크는 실패 가능성이 크다. 실제로 투자한 원금조차 찾지 못한 사람들도 많다. 그나마 적금은 원금 손실이라는 최악의 상황은 피할 수 있다. 그렇다면 위험 부담 없는 재테크는 무엇일까? 도대체 어떤 재테크를 해야 할까? 나에게 투자해서 자기 계발을 하는 것이 가장 좋은 재테크이다. 남편은 직장 생활을 하고 있으니 엄마가 발전하면 된다. 남편이 퇴직을 한 후에 새로운 일을 위해 배우고 투자하기에는 위험 부담이 너무 크다. 그전에 남편이 실직하더라도 엄마가 일어설 수 있는 능력을 가져야 한다.

나는 육아에서 벗어나기 위해 취미 생활을 시작해 나에게 투자했다. 그 시간이 나에겐 최고의 재테크였다. 처음엔 그럴 생각은 아니었지만 일까지 하게 되었다. 스트레스를 받을수록 나는 더 열심히 배웠다. 육아가 힘들수록 더 열심히 파고들었다. 이 모든 것이 다 재미있었고 내가 좋아하는 일이라 몰두할 수 있었다. '나도 해낼 수 있겠다.'라는 확신이 들었다. 나도 모르게 육아 스트레스가 사라졌다. 미래에 대한 불안도 사라진 것이다.

처음 일을 시작할 때에는 모든 것이 어려웠다. 하지만 포기하지 않았다. 끝까지 성장할 방법만 생각하고 찾았다. 끝까지 노력하다 보니 결과가 나오기 시작했다. 매출은 점점 좋아져 이제는 더 이상 남편에게 의지하지 않는다. 남편에게 내가 더 벌어서 집도 사 주겠다고 이야기한다. 내 머릿속에는 '내가 먼저 멋지게 성공해서 남편도 좋아하는 일을 할 수 있게 도와줘야겠다.'라는 생각으로 가득 차 있다.

2017년 11월부터 가상 화폐 투자가 유행을 했었다. 몇 년 전에 사 놓은 가상 화폐 3,000원이 군대 갔다 오니 2억 원이 되어 있었다는 사례가 기사에 나왔다. 우리나라뿐 아니라 온 세상이 가상 화폐 열풍이었다. 너도나도 급등하는 가상 화폐 투자를 시작했다. 그런데 오래가지 못했다. 가상 화폐 열풍에 많은 사람들이 한탕주의에 빠졌다. 낙관론자도 많았지만 결국 2개월 만에 무너지기 시작했다. 지금 가상 화폐의 가치는 최고가의 반토막보다 더 떨어졌다. 아직도 낙관론자들이 있어 이후에는 어떻게 될지는 모른다. 하지만 지금 상황으로는 굉장한 손해를 본 것이다.

나도 이 열풍에 휩쓸려 투자를 했었다. 역시 한 방을 바라면 한 방에 망하는 법이다. 나 역시 반 토막이 났다. 그나마 다행이었던 것은 나는 소액이라 타격이 적었다. 주위에 큰 액수를 투자해서 좌절하는 사람들도 많이 봤다. 최고의 재테크는 엄마가 성장하는 것이다. 나에게 투자하는 것은 사라지지 않는다. 지금 실패하더라도 다시 일어설 수 있는 밑거름이 된다. 이 모든 과정은 다 나에게 쌓여 더 크게 성장할 수 있는 기회가 된다. 긍정적으로 생각하고 더 크게 성장할 방법만 찾으면 되는 것이다. 엄마가 성장하는데 싫어할 남편, 아이가 어디 있을까? 남편에게 더 당당하게 육아도 요구하고 내 시간도 요구할 수 있다.

남편들은 회사에 출근해서 열심히 일하고 파김치가 되어 돌아온다. 게다가 요즘은 아빠 육아가 유행을 해서 집에 와도 쉬지도 못하고 육아를 해야 한다. 아빠들도 참 피곤하고 힘든 세상이다. 그런 남편들의 모습을 보면 짠하기도 하다. 아빠가 육아를 하는 것은 당연하다고 생각했다. 그래도 남편에게만 의지하는 것은 미안한 일이었다. 사람들마다 추구하는 가치관과 생각이 달라서 엄마는 육아, 아빠는 일이라고 가족의 규칙을 정했을 수도 있다. 하지만 어차피 엄마도 맞벌이를 해야 하는 상황이라면 얘기는 달라진다.

요즘 현실은 맞벌이를 해도 양육비를 감당하기 힘들다. 출산 후 돌까지 아이를 키우는 비용은 평균 매달 86만 7천 원, 소득에 따라 최대 120만 원을 넘기도 한다고 한다. 육아 비용으로 1년에 1천만 원 넘게 쓰는 현실이 부모에게는 큰 부담이다. 2018년 2분기 현재 우리나라 출산율은 0.97명이다. 결혼을 하고 채 1명도 안 낳는다는 뜻이다. 저출산은 많은 육아 비용과도 관련이 많다.

실제로 내 주변에도 육아를 하는데 경제적 여건이 되지 않아서 둘째 출산을 포기하는 사람이 정말 많다. 결혼을 해도 육아 비용에 부담을 느껴 아예 아이를 안 낳겠다고 선언하는 사람들도 많이 만났다. 셋째까지 낳는 다둥이 가족은 어느새 부의 상징이 되어 버린 세상이다. 이런 상황에서 남편의 월급에만 의지하면 가족이 힘들어지는 것이다. 그럴수록 엄마가 나서야 한다. 그렇지 않다면 상사에게, 아내에게, 아이에게 압박을 받는 남편은 기댈 곳이 없다. 아빠에게도 육아우울증이 올 수 있다. 그러므로 남편에게도 기댈 수 있는 존재가 되줘야 한다. "남편, 돈 많이 벌어와."라고 말하여 은근히 바가지를 긁는 일을 중단해야 한다. 그러려면 엄마는 무엇이든 도전하고 시도해야 한다.

무언가에 도전하고 성취하는 일은 자존감이 높아지는 일이다. 자존감이란 자신을 존중하는 마음이다. 자존감이 높은 사람은 상황이나 다른 사람을 탓하지 않는다. 만족되지 않는 현실, 자신의 모습, 육아 일상 모두 불평으로만 가득한 날들을 보내지 않는다. 다른 사람과 비교하며 열등감에 빠지지 않고 평가에 연연하지도 않는다. 자신이 더 좋은 엄마가 아니라며 스스로를 비하하지도 않는다. 자신의 단점을 알게 되더라도 "그래? 그럼 이제 조심하고 고치면 되지."라고 웃으며 넘긴다. 그만큼 자신에 대한 믿음이 있기 때문에 마음에 여유가 있는 것이다.

그리고 자신을 변화시켜 현실을 바꾼다. 변화를 시도하지 않으면서 상황이 변하기를 바라는 것은 말도 안 되는 일이다. 아이로 인해 엄마가 되어 삶이 변했지만 이러한 터닝포인트가 있었기에 변화를 시도할 수 있다. 나만 바라보는 내 아이 때문에 다시 힘을 낼 수 있다. 직장 생활을 할 때에는 그 생활에 익숙해져 새로운 일을 하기가 두려워 이직은 망설이는 경우가 많다. 그런데 이제는 아무렇지 않게 새로운 인생을 시작할 수 있는 기회가 찾아온 것이다.

어른이 되고 나니 어릴 때와는 다르게 꿈을 세우고 새로운 도전을 한다는 것이 두려울 수도 있다. 안정적인 삶에 익숙해져서 더 힘들 수도 있다. 하지만 남편의 월급에만 의지하다가 실직, 퇴직을 하게 되면 생계가 막막해지는데 그보다 두려운 것이 있을까? 엄마는 언제나 예쁘고 싶고 소녀 감성을 가진 여자이다. 동시에 누구보다 강한 사람이다. 출산부터 육아를 하는 지금까지도 힘들었지만 다 해내고 있지 않은가? 꿈에 도전하는 것을 미루고 두려워한다면 행복이라는 기회는 멀리 날아가 버린다.

지금 엄마들은 육아만 하지 않는다

"엄마, 지금 나는 아기만 보는 데도 이렇게 정신없이 바쁜데 집에 가면 어떡하지? 일하면서 집안일, 육아까지 한번에 못할 거 같아."

"엄마는 다 하게 되어 있어. 걱정 마."

출산 후 친정집에서 엄마와 나눴던 대화이다. 우리 엄마가 다 하게 되어 있다고 말한 이유를 알게 되었다. 집에 돌아온 후 육아가 너무도 힘든 시기가 있었지만 다 하고 있다. 남편과 집안일, 육아를 분담했다. 수시로 하던 청소, 설거지, 빨래에 대해 어느 정도는 마음을 비우고 최소한으로 했다. 그러면 조금 쉴 시간이 생기고 무언가를 할 수 있는 시간도 생긴다. 그렇게 확보한 나만의 시간으로 나를 만나고 미래를 설계

한다. 24시간 오롯이 육아에만 집중할 수는 없다. 그대신 육아를 할 때에는 최대한 육아에만 집중하려 노력한다. 세상에 완벽한 엄마는 없고 모든 것을 완벽하게 할 수도 없다. 다 그렇게 살아가는 것이다.

　내가 영양사로 일할 때 일이다. 직원 식당 주방에서 일하는 여사님은 보통 40대 후반에서 50대가 많다. 그녀들과 대화를 나누다 보면 꼭 해주는 말들이 있었다. "애 낳고 뭐할거에요?", "다시 복직해요?", "복직안하더라도 일은 꼭 해요. 애만 보면서 살다보면 더 힘들어요."대부분 육아에 전념하며 중학생, 고등학생까지 자녀를 키우고 다시 사회로 나오신 분들이었다. 나와는 좀 다른 세대였기에 육아에 전념하는 일이 당연하게 여겨지기도 했지만 결국 자신을 잃어가는 모습에 다시 일을 시작한 것이었다. 아이가 어느 정도 크고 나니 빈집에 혼자 있는 일상이 더 허무했다고 했다. 한번은 인원이 부족해서 채용 공고를 냈다. 종종 30대, 40대 초반의 여사님들도 지원을 했다. 생각보다 젊은 나이라 놀라기도 했다. 그녀들 역시 경력 단절 여성들이었다. 아이를 낳고 육아를 하면서 자연스럽게 회사를 그만두고 경력단절 여성이 되었던 것이다. 그녀들은 다시 일하고 싶어 회사들의 문들 두드렸지만 취업이 쉽지 않았다. 탈락하는 일이 많아 자존감도 많이 낮아져 있었다.

　〈벼룩시장 구인 구직〉 통계에 따르면 전업주부 중 90% 이상이 전업주부가 된 것을 후회한다고 한다. 가장 큰 이유는 일은 하고 싶은데 재취업이 쉽지 않을 때였다. 2위로는 내 맘대로 쓸 수 있는 돈이 없을 때였다. 3위로는 스스로 자신감이 많이 떨어졌음을 느낄 때였다. 대부분 아이를 낳고 육아를 할 수밖에 없는 상황이 되었기에 자연스럽게 전업 주부의 길로 들어선다. 어느 정도 아이를 키우고 일을 하면 된다고 생각하지만 재취업은 쉽지 않다.

취업률이 최악인 요즘같은 시대는 더 힘들어진다. 그렇기 때문에 육아에 전념하면서도 나만의 시간을 가져야 한다. 내가 원하는 것, 잘하는 것, 즐거워하는 것에 대해 더 많이 생각해 봐야 한다. 스스로 마음만 먹는다면 저렴한 가격으로, 쉽게 자기 계발이 가능하다. 요즘은 백화점, 마트 등 문화센터에도 자기 계발을 할 수 있는 강좌들이 많이 있다. 바리스타, 요가, 필라테스, 쿠키클레이 등 여러 가지이다. 주말에도 운영을 하는 곳도 있다. 자신의 적성과 맞다면 더 전문적으로 배워 크게 성장할 수도 있다. 자격증까지 취득하면 재취업을 할 때, 플러스 요인으로 작용할 수도 있다.

밖으로 나가는 것이 어렵다면 집에서 취미 생활을 즐길 수도 있다. 인터넷 동영상을 참고하여 요리를 하거나 베이킹을 할 수도 있다. 원하는 것을 만들 수 있다. 게다가 요즘은 DIY가 유행이다. DIY는 "Do it yourself"라는 말의 줄임말이다. 제품을 스스로 만들어 사용하는 것이다. 집 인테리어도 스스로 하고 가구까지 DIY상품으로 구매한다. DIY 상품으로 판매되는 소소한 소품들도 많다. 무언가를 구매하고 직접 만듦으로써 소소한 일상 속에서 행복을 누릴 수 있다. 성취감까지 느낄 수 있는 것이다. 육아, 청소, 빨래, 설거지 등 매일 반복되는 일상 속에서 특별함을 만들 수 있다.

만드는 것이 힘들다면 공부를 할 수도 있다. 요즘은 인터넷이 발달하여 검색만 하면 웬만한 정보는 다 얻을 수 있다. 동영상 강의도 많이 접할 수 있다. 방법은 얼마든지 있기 때문에 자기가 관심 있는 분야를 공부하면 되는 것이다.

친한 언니 L은 전업주부이다. L은 평소에 부동산에 관심이 많았다. 부동산 투자를 하고 싶은데 아는 것이 없었다. 아이를 낳기 전까지는 회사를 다니느라 공부할 틈이 없었다. 육아를 하면서 아이가 잠들고 생기는 시간에 부동산에 대해 공부했다. 인터넷에서 검색을 하고 책을 읽었다. 먼저 책으로 부동산을 공부한 것이다. 그 후로는 부동산 거래 업체를 자주 방문해서 소장님과 친해졌다. 부동산 거래 업체에서 상담을 받으면서 좋은 정보를 많이 받았다. 부동산 지식도 쌓아 갔다.

어느 날은 시세보다 2천만 원이나 저렴하게 아파트를 매입했다. 매입하자마자 최소 2천만 원의 프리미엄이 붙은 것이다. 아파트값이 오르자 매도하고 다른 아파트를 매입했다. 점점 자신의 명의로 된 아파트가 늘어갔다. 육아만 하는 전업주부인 줄만 알았던 언니 L은 월세만으로 고수익을 올리며 행복한 일상을 보내고 있다.

친구 G도 첫째를 출산하면서 경력 단절 여성이 되었다. 너무나 기다리던 임신이었기에 소중한 육아 시간이었다. 하지만 둘째까지 낳고 육아만 하는 기간이 길어지자 육아 우울증이 찾아왔다. 그녀 역시 자신의 감정을 돌아보기 시작했다. 원하는 것, 하고 싶은 것이 무엇인지 생각했다. 취미도 일도 무엇을 해야 할지 감이 오지 않았다. 그래도 포기하지 않고 과거에 자신이 어떻게 살아왔는지, 무슨 일을 했을 때 가장 즐거웠는지를 밤새 생각했다. G는 뷰티에 관심이 있었다. 그녀는 화장품과 관련된 일을 하고 싶었다. 그런데 그녀는 100일 정도밖에 안 된 둘째가 있었다. 첫째는 어린이집을 보내면 되었지만 둘째는 데리고 있어야 했다. 너무 어린 아이가 있었지만 그녀의 의지를 이길 수는 없었다. 둘째를 데리고 화장품 영업을 시작했다. 그 어린아이를 데리고 일을 한다는 것은 상상도 하기 힘든 일이다. 하지만 자신의 삶을 찾기 위해 굳은 의지로 시도했다. 그녀의 사업은 점차 번창했다.

이 외에도 네일 아트를 배워서 시간제로 예약을 받아 수익을 창출하는 엄마들도 있다. 틈나는 대로 블로그를 하면서 유명해져서 강의를 하는 사람도 있다. 부업 사이트를 찾아서 부업을 하거나 아이가 커서 작아진 옷은 동네 벼룩시장에 나가서 판매해서 소소한 수입을 올리는 경우도 있다. 육아만 하는 것 같았던 엄마들도 오롯이 육아만 하고 있지 않았다. 육아와 함께 자신의 삶도 살 수 있는 방법을 찾아 이루고 있었다.

직장인들도 월급은 조금 적더라도 야근이 없고 삶의 여유가 있는 직장을 선호한다. 헬스장에 가 보면 회사에 출근하기 전에 새벽같이 나오거나 점심시간을 쪼개어 운동을 하는 부지런한 사람들도 많다. 퇴근 후에는 동호회 활동이나 취미 생활을 하기도 한다. 이렇듯 바쁜 일상 속에서도 일만 하지 않는다. 삶의 질을 높이기 위해 시간을 쪼개서 사용하고 있다. 보다 나은 자신의 삶을 위해 많은 노력을 하고 있는 것이다.

전업주부의 삶이라도 육아를 하며 보내는 하루는 너무나 바쁘다. 그런 일상 속에서 나만의 시간을 내기란 힘든 것도 사실이다. 하지만 의지만 있다면 시간은 만들 수 있다. 아이가 잠든 후 또는 아이가 일어나기 전 아침이나 새벽 시간을 활용하면 된다. 나 역시 새벽시간을 활용했다. 주로 아이가 잠든 후 늦은 밤, 새벽이었다. "일찍 일어나는 새가 벌레는 잡아 먹는다."라는 속담이 있다. 아침 일찍 일어나는 것이 좋다는 뜻인데 사람마다 다르다. 개인의 컨디션은 모두 다르기에 꼭 아침 새벽시간만을 고수할 필요는 없다는 뜻이다. 자신과 아이의 생활 패턴, 컨디션, 스타일에 맞추는 것이 좋다. 그것이 귀한 시간을 효율적으로 사용하는 방법이다.

처음 나만의 시간을 갖기 위해 새벽을 활용한다는 것은 피곤할 수 있다. 하지만 약 2주에서 3주정도 노력하면 쉬워진다. 우리 몸은 적응력이 뛰어나다. 운동을 계속 하던 사람이 하루만 안 해도 이상한 것처럼 나만의 시간도 그렇다. 예전의 삶을 생각하면 회사에 출근하기 위해, 지각하지 않고 학교를 가기 위해 졸린 눈을 비비고 일어났었다. 그때를 생각하며 하루 일과에 나만의 시간을 넣어보자. 하루 생활 계획표에 한 시간 정도 넣는 것은 어렵지 않을 것이다.

오롯이 육아만 하는 엄마일 때보다 자신의 삶을 살게 되어 행복하다. 그 모습을 아이에게 당당하게 보여 줄 수 있어 행복하다. 아이는 그런 엄마의 모습이 멋지다며 응원해 줄 것이다. 세상에서 가장 좋은 선생님은 부모라는 사실을 기억하자. 멋진 엄마를 보는 아이는 스스로 성장해 나갈 것이다.

육아 우울증이었던 내가 쇼핑몰 대표가 되다

"아롱아, 너도 쇼핑몰 같은 것 해보는 게 어때? 해보고 싶다면 아빠가 다 지원해 줄게."

"쇼핑몰? 그건 뭐 아무나 하나?"

2007년 대학교 1학년 때 저녁을 먹으면서 아빠가 나에게 했던 말씀이다. 2005년쯤부터 온라인 쇼핑몰이 많이 생기던 시기였다. 막 20살이 되어 나이가 어렸던 만큼 생각도 어렸다. 사업은 적어도 삼·사십대는 되어야 하는 것이라고 생각했다. 아니, 그때는 일을 한다는 생각을 하고 있지 않았다. 열심히 공부하고 대학교에 입학했으니 '더 이상 나에게 공부란 없다.'라는 생각으로 가득 차 있었다. 대학 생활 동안 정말 신나게 놀았다.

우리 아빠는 언제나 도전적이셨다. 워낙에 힘들었던 시기를 극복하고 건축 사업체를 운영하기까지 많은 도전, 노력을 하셨다. 사회의 흐름에 관심이 많아 항상 뉴스나 신문을 보셨다. 식사 시간이면 나와 내 동생에게 "뉴스 좀 봐라.", "세상이 어떻게 돌아가는지 알아야 잘살 수 있다."라는 말을 자주 하셨다. 역시 우리는 어렸다. 아빠의 말은 잔소리로만 들렸다. 정치? 전혀 관심도 없었다. 뉴스는 졸리고 따분한 TV 프로그램일 뿐이었다.

우리 아빠는 내가 뭔가에 도전하기를 바라셨다. 항상 도전하고 성취하며 성장하기를 바라셨다. 그런데 나는 그러지 않았다. 도전을 할 만큼 하고 싶은 것도 없고 의욕도 없었다. 애초부터 성공하지 못할 것이라고 단정 짓고 시작도 안 하는 경우가 많았다. 아빠는 계속 세상을 사는 지혜에 대해 얘기하셨지만 나는 듣지 않았다. 잔소리한다며 반항하는 일이 비일비재했다. 지금 생각해 보니 참 불효자식이었다. 아빠의 속이 얼마나 상하셨을지 생각하면 지금 생각해도 죄송한 마음이 든다.

그때 내가 아빠 말을 잘 듣고 쇼핑몰 운영을 시도했었다면 지금은 엄청난 성공을 이루었을지도 모른다. 20대 중·후반쯤 사회생활을 하며 현실을 알면서부터 생각이 바뀌었다. 온라인 쇼핑몰을 운영해 보고 싶다는 생각을 갖게 된 것이다. 하지만 그때도 막연하게 '하고 싶다.'라는 바람뿐이었다. 버킷리스트의 한자리를 차지하긴 했지만 목표나 실행 같은 것은 없었다. 여전히 특별한 목표 없이 결혼을 했다.

부모는 자식이 가능성에 한계를 두지 않고 무엇이든 도전하고 선택할 수 있는 삶을 살기를 원한다. 매사에 '안 될 것이다.'라는 부정적인 마음이 가득한 의욕 없는 사람이 되기를 원하지 않는다. 누구나 밝고 긍정적으로 생각하는 사람을 좋아하지 않는가? 또 그런 사람만이 특별하고 행복한 삶을 살아갈 수 있다. 생각을 했다면 그것은 자신이 성장, 발전할 수 있는 밑거름이 된다. 무한한 성장의 시작점이니 실행만 하면 되는 것이다. 무한한 성장을 할 수 있는데 애초부터 싹을 잘라 버린다니 이보다 더 안타까운 일이 어디 있을까?

생각을 바꿔야 한다. 먼저 자신의 마인드를 바꿔야 모든 일에 도전하고 긍정적으로 생각할 수 있다. '할 수 있다!'라는 생각을 가져야 한다. 부정적인 사람들에게는 부정적인 일만 생긴다. 주변에 그런 사람들이 꼭 있을 것이다. 항상 "안 돼"라고만 말하는 사람들. 그런 사람과 대화를 하다 보면 기분이 나빠지거나 힘이 빠지지 않는가? 대화란 서로의 생각을 나누는 즐거운 관계인데 부정적인 말만 하면 대화하기가 싫어진다. 결국은 그 사람을 피하게 되는 것이다.

어릴적 친구 중 한명은 취미생활을 하더니 고체향수 사업으로 쇼핑몰을 열어 대박을 냈다. 회사를 다니고 아이를 키우는 중에도 자신의 시간은 놓치지 않았다. 굉장히 바빠 보였는데도 항상 의욕적인 모습이 멋져보였다. 인간관계도 좋아 어디서나 인기 만점 이었다. 그녀는 아이와 함께 하는 순간에도 예외는 아니었다. 엄마들과 육아 정보를 서로 공유하면서 소통했다. 육아와 일을 즐기는 친구가 굉장히 멋져 보였다. 직접 눈으로 보니 큰 동기부여가 되었다. 나의 삶과는 차원이 달라 보였다.

반면에 나는 모든 일에 의욕이 없었다. 사람들을 만나면 겉으로는 행복한 척 웃고 있었지만 집에 돌아오면 무기력 그 자체였다. 우울하다는 사실을 인정하고 싶지 않았다. 육아 우울증을 극복하기 위해 많은 노력을 했다. 매 순간 뭐라도 해서 즐거움을 찾으려고 노력했다. 자존감이 낮아진 나를 찾기 위해, 육아 스트레스에서 벗어나기 위해 무엇이라도 도전하게 되었다. 이러한 노력이 나를 변화시켰다.

워킹맘을 선택하면서 내 제품을 판매할 곳을 정해야 했다. 결국 종착지는 아빠가 권유했던 온라인 쇼핑몰을 운영하는 것이었다. 10년이라는 시간을 돌고 돌아 결국 아빠의 말대로 하게 된 것이다. 참 신기한 일이 아닌가! 10년 전에는 우울하지 않았다. 뭐든지 도전하고 실패해도 아무런 지장이 없던 시기였다. 그런데 시작도 하기 전부터 안 된다고 단정 지어 버렸다. 그런데 10년이 지나고 육아 우울증이라는 힘든 시간을 겪으면서 나는 성장했다. 목표를 이루기 위해 나 스스로 방법을 찾고 있는 나를 발견한 것이다.

나는 쇼핑몰에 대해 아무것도 몰랐다. 백지 상태였다. 정말 맨땅에 헤딩하듯이 알아보기 시작했다. 그런데 쇼핑몰을 운영하는 방법은 참 다양했다. 생각보다 쉽기까지 했다. 무조건 홈페이지, 11번가 등 오픈마켓만 가능하다고 생각했었다. 그런데 블로그와 SNS를 이용해 자신의 제품을 홍보하기도 하고 판매를 하는 방법도 있었다. 이미 많은 사람들이 그렇게 수익을 창출하고 있었다. 네이버에서 운영하는 스토어팜에 입점하는 방법도 있다. 네이버는 무료 교육도 자주 진행해서 운영하는 방법을 얼마든지 배울 수 있다. 나는 교육을 듣고 스토어팜에 입점했다.

쇼핑몰을 준비하는 동안 마음이 들떠 있었다. 앞으로 일어날 일에 대한 기대감에 부풀어 즐거운 생각만 하게 되었다. 내가 만든 제품을 많은 사람들이 구입하고, 만족한다는 일은 생각만 해도 보람찬 일이었다. 내가 좋아서 시작한 일이 커져서 벌써 많은 수익을 창출했다는 생각에 이보다 더 행복할 수 없었다. 경제적으로 자유로워지고 싶었던 내 꿈에 한 발짝 더 다가선 것이다. 이러한 일상이 나를 긍정적으로 만들었다. 더 큰 꿈을 가지고 이루어 나갈 수 있는 힘을 가지게 되었다.

대부분 사람들은 꿈을 실현하지 못한 채로 살아간다. 엄마가 되면 그런 경우가 더 많다. 힘든 환경에서 벗어나려 하지 않고 그 환경에 맞춰 살아간다. 꿈을 실현하기는커녕 꿈을 꿀 수도 없다. 힘든 환경이나 힘든 일을 겪었다는 사실은 큰 축복이다. 오히려 그 시기를 극복해 내면서 많은 성장을 할 수 있기 때문이다. 더 큰 시련도 버티고 이겨낼 수 있는 강인함이 생긴다.

물론 완전히 꿈을 이루기까지는 시간이 좀 걸린다. 휴대 전화를 켤때 로딩되는 시간이 걸리듯 꿈을 이루는 과정도 버퍼링이 있는 법이다. 버퍼링을 견디지 못하고 좌절하거나 포기하면 꿈은 더 이상 이룰 수 없다. 끈기와 인내심으로 버티고 노력해야 한다. 그래야 더 행복한 삶을 살 수 있다. 마찬가지로 육아에도 버퍼링 시간이 있다. 아이가 잠투정을 하는 순간들은 잠을 자기 위해 기다려야 하는 버퍼링 시간, 마음대로 되지 않아 짜증을 내는 순간들은 제대로 표현할 수 있는 방법을 배우는 버퍼링 시간이다. 엄마도 아이와 함께 자라 성숙한 인격체가 되기 위한 버퍼링 시간들을 보내는 것이다. 엄마의 행복을 찾아 아이의 행복도 이끌어 줘야 한다. 사랑하는 내 아이가 행복한 삶을 살 수 있는 방법만 생각해도 시간이 모자란다. 행복하기를 원하고 조금 더 나은 삶을 원한다면 스스로 노력해야 한다.

인생은 시간으로 이루어져 있다. 한번 지나간 시간은 다시 돌아오지 않는다. 육아 우울증을 겪는 순간마저도 다 기회가 된다. 어떻게 보내느냐에 따라 앞으로의 삶과 가정이 얼마만큼 행복해질 수 있는지 결정된다. 엄마 인생의 방향을 결정하는 중요한 순간이다. 이 세상 엄마들은 모두 위대하다. 견딜 수 없을 것만 같았던 출산의 고통도 견뎌내었다. 어떤 일도 다 해낼 수 있다는 뜻이다. 엄마는 누구보다 가치 있는 존재이다. 나의 가치와 능력을 끌어내어 성장해야 한다. 성장하는 엄마는 자존감이 높다. 자존감이 높은 엄마는 자신을 사랑할 줄 안다. 아이도 제대로 사랑할 수 있게 된다.

육아 우울증이었던 내가 책을 쓰다

내가 육아 우울증을 겪을 당시를 생각해보면 참 불안했다. 잠깐 화장실을 가는 동안, 밥을 하러 주방에 가는 동안 그 짧은 시간도 아이가 눈에서 보이지 않으면 무슨 일이 생길까봐 불안했다. 엄마는 게으르면 안 된다는 생각에 계속해서 움직였다. 평소 남편이 퇴근 후 귀가하는 시간이 5분이라도 늦어지면 초조해서 전화를 해댔다. '오늘은 차가 좀 더 밀리나보다.'라고 생각할 수 있었는데 뭐가 그렇게 불안하고 초조했는지 모르겠다. 그래서 더 계속 움직이고 뭔가를 해야한다는 압박감이 있었던 것 같다. 참 피곤하게 살았다.

그런데 내 일을 시작하고 성장할수록 불안했던 마음이 치유되었다. 치유된 마음은 너그러운 표정, 여유있는 말을 하게 했다. 한시도 가만히 있지 않고 움직이던 내가 앉아있는 시간도 갖게 되었다. 작은 일에도 감사하기로 마음먹으면서 감정 조절도 가능해졌다. 일기를 쓰고 SNS, 블로그에 글을 적으면서부터는 더 좋아졌다.

'글을 쓴다.'라는 것은 마음의 평화를 찾는 일이다. 그때의 감정을 글로 풀어놓으면서 내 마음에 쌓인 좋고 나쁜 감정들을 배출하는 일이다. 그렇게 적은 글들을 몇 일 후, 한 달 후, 수 개월 후에 다시 보면 그때의 상황들이 떠오른다. 그리고 '아, 그때 그러지 말고 이렇게 할걸.'이라는 더 나은 방법까지 생각하게 된다. 잊고 넘어갈 뻔한 좋은 일들은 다시 회상 해서 기억할 수 있다. 잊고 싶었던 일들은 다시 꺼내 볼 때는 기분과 상황에 따라 좋게 생각할 수도 있게 되는 것이다. 글을 쓰는 것은 시각이 달라지고 의식을 확장시켜 주는 일인 것이다. 나는 그렇게 마음과 육아를 하는 태도를 치유했다.

글의 주제는 매일 느끼는 감정, 일상들이 스토리가 된다. 그래서 나만의 육아법과 감정 조절법을 SNS와 블로그에 적게 된 것이다. 부담없이 쓴 글들은 엄마들에게 많은 공감대를 형성했다. 네이버 부모판 메인에 내 글이 소개되는 영광도 누렸다. 강의 요청까지 들어오게 되었다. 내 스토리는 더 많은 엄마들에게 힘이 될 것 같다는 생각을 했다. 책을 쓰거나 강의를 하는 방법으로 말이다. 하지만 어떻게 해야 할지 방법을 몰라 생각만 했다.

김태광 작가의 책《반 꼴찌, 신용 불량자에서 페라리, 람보르기니 타게 된 비법》에서 엄청난 문장을 발견했다. "평범한 사람이라면 만사 제치고 책부터 펴내야 한다"라는 문장이다. '평범할수록 책을 쓰라고?

책은 성공한 사람이 쓰는 것이 아닌가?' 책을 보며 저자에게 질문했다. 그는 "성공해서 책을 쓰는 것이 아니라 책을 써야 성공한다"라고 말한다. 내 마음에 엄청난 파도가 치기 시작했다.

그는 〈한국책쓰기1인창업코칭협회〉의 대표이자 책쓰기 코치이다. 평범한 사람도 책을 쓸 수 있게 도와주는 사람이다. 그의 도움으로 이미 700여 명의 평범한 사람들이 작가가 되었다. 작가가 되어 인생이 바뀐 사람이 700명이 넘는다는 말이다. 만사 제치고 일일 특강에 참석했다.

그곳에는 나처럼 평범한 주부였던 사람들이 꿈을 이루어 성공한 여성이 된 경우가 많았다. 모두 자신들의 관심사에서 시작되었다. 관심사는 육아, 부동산, 자기 계발, 경력 단절 등 장르는 다양했다. 공통점은 모두 온전한 내가 되어 원하는 삶, 원하는 가정을 이루기 위해 노력해서 성공을 했다는 것이다. 긍정적인 에너지로 가득 찼고 열정이 넘쳤다. 자신의 가치를 찾아 행복한 엄마가 되어 있었다.

생각은 행동을 하게 한다고 했던가. 막연하게 '책을 써 보고 싶다.'라고 생각만 했던 일이 현실이 되었다. 가슴이 또 쿵쾅쿵쾅 뛰기 시작했다. 육아 우울증을 완벽하게 극복하는 데만 2년이라는 시간이 걸렸다. 그렇게 얻은 나의 경험과 노하우는 육아로 힘들어하는 엄마들이 더 빨리 행복해지는 데 도움이 될 수 있다. 그래서 책을 쓰겠다고 도전했다. 막연하기만 했던 책을 쓰게 동기 부여를 해준 한책협 김태광 대표 코치님께 감사의 마음을 전한다.

내가 책을 쓰는 일에 도전한 이유가 한 가지 더 있다. 나는 내 아이에게 엄마의 열정과 도전 정신을 제대로 보여 주고 싶었다. 아이가 공부는 잘하지 못하더라도 언제나 당당하고, 자신감 있는 남자로 자라기를 바란다. 자존감이 높고 자신이 원하는 일에는 목숨 걸고 이루어 낼 수 있을 정도의 노력으로 성취감을 느끼기를 바란다. 20대의 나처럼 시작도 하지 않고 포기하는 모습을 내 아이에게서는 보고 싶지 않다. 항상 뭔가를 찾아 해내는 자주적인 삶을 살기를 바란다.

열정과 도전 정신을 갖는 것 이것이 모든 엄마들의 아이에 대한 바람일 것이라고 생각한다. 그렇게 멋진 아이로 성장하게 하려면 엄마가 먼저 본보기를 보여야 한다. 엄마는 그렇지 않으면서 아이에게만 이래라, 저래라 하는 부모가 되고 싶지 않았다. 아이는 부모를 보고 자라는 법이다. 엄마는 아이와 함께 자라는 것이다. 아이는 가장 가까이에 있는 나를 보고 자라면서 자연스럽게 나를 본받을 것이다. 그렇다면 우리 아들이 다이아몬드보다 더 빛나는 인생을 사는 남자가 되지 않을까? 우리 아들이 스스로에게 반하는 삶을 사는 남자가 될 것이라고 확신한다.

"태어나서 가장 많이 참고 일하고 배우며 해내고 있는데, 엄마라는 경력은 왜 스펙 한 줄 되지 않는 걸까"

'엄마'라는 주제로 기획된 〈박카스〉 광고 속 대사이다. 나는 이 광고를 본 순간 눈물을 흘렸다. 육아에 힘들어하던 내 모습이 떠올랐다. 머리는 헝클어졌고, 화장기 없는 모습의 여자가 나온다. 딱 봐도 지치고 힘든 모습인데 잠깐도 쉴 수가 없다. 엄마의 속도 모르는 아이들은 해맑게 웃으며 엄마에게 장난을 친다. 이 장면이 나의 모습과 겹쳐졌던 것이다. 내 마음을 꿰뚫어 본 듯한 광고와 대사였다.

엄마가 되면 여자는 어쩔 수 없이 경력 단절 여성이 된다. 그동안 회사에서 열심히 쌓았던 경력들은 복직하지 않으면 무용지물이 된다. 참 허무한 순간이 아닐 수 없다. 하지만 엄마라는 경력은 엄청난 경력이다. 그 경력을 통해 끝없는 인내심, 무조건적인 사랑, 가슴속 깊이 숨겨져 있던 감정들을 알게 된다. 지금까지 공부, 대학, 졸업, 결혼, 임신, 출산이라는 인생을 살면서 보지 못하고, 듣지 못했던 내 안의 나에게 귀를 기울일 수 있는 기회도 받았다.

'내면에서 울리는 소리에 좀 더 귀를 기울이면 외부의 소리도 더 잘 들을 수 있다.'라고 다그 함마르셸드는 말했다. 아이를 재우고 책을 쓰는 지금도 나에게 귀를 기울이고 있다. 내면의 소리를 듣고 아이의 소리를 더 잘 듣기 위해서다. 이 도전을 해냄으로써 나의 자신감과 자존감이 많이 올라갔다. 저 발밑에 있던 나의 자존감이 높아지면서 나의 가치도 높아졌다. 그리고 진짜 나를 찾게 되었다. 내 안의 열정이 더 뜨겁게 불타오르기 시작했다. 내 조언을 듣고 변화되는 사람들의 모습을 보면서 보람을 느낀다. 메신저로서 소명을 이루었음에 자부심을 느낀다. 모든 일에서 행복을 느끼게 되었다.

자신에 대해 진지하게 생각해 본 적이 언제였는가? 엄마라는 존재는 어떤 존재인가? 라는 질문을 나에게 자주 던져본다. 나에 대해 진지하게 생각해 본 적은 육아를 하면서 부터이다. 엄마라는 존재에 대해서도 엄마가 되어서야 생각해보게 되었다. 육아를 잘하고 싶고 아이를 잘 키우고 싶다면 이 질문들에 먼저 대답하고 넘어가야 한다. 아이가 성장하는 모습을 관찰하듯 엄마의 가슴속에서 살고 있는 '나'라는 아이 관찰하고 연구해야 한다. 내 안의 아이의 눈높이도 맞추고 공감해줘야 한다. 내 아이가 원하는 것은 다 해주고 안아주듯 가슴속의 아이도 사랑으로 안아줘야 한다. 그렇게 아이와 함께 성장해 나가는 것이다. 더 멋진 아이로 자라기를 바란다면 엄마도 더 멋진 엄마가 되어야 한다. 그러려면 아이가 중요하듯 자신의 삶도 중요시해야 한다. 엄마도 엄마의 인생이 있다. 반짝반짝 빛나는 특별한 여자로, 아름다운 여자로 살 권리가 있다. 엄마가 되었다고 해서 자신의 인생을 포기하는 것이 아니다. 더 멋지고 더 아름답게 살아갈 수 있는 최고의 기회를 얻은 것이다.

당신도 취미 생활로 행복한 부자 엄마가 될 수 있다

우리 집이 한때 어려웠던 시기가 있었지만 아빠의 노력으로 점차 나아졌다. 우리 아빠 덕분에 나는 하고 싶은 것을 못하거나, 사고 싶을 것을 못 사며 살지는 않았다. 큰 것을 바라지는 않았지만 적어도 하고 싶은 것은 다 하며 살았다. 대학 시절에도 한 달에 30만 원의 용돈을 받았지만 오로지 먹고 노는 데에만 사용했다. 책, 옷, 가방, 신발 등이 필요하면 부모님께 받아 썼다. 그럼에도 용돈이 부족해서 나름의 이유를 만들어서 부모님께 더 받았다. 대학교 4학년때쯤 한 달에 얼마를 썼는지 확인을 해보니 100만 원이 넘었던 기억이 있다. 지금 생각하면 참 철이 없었다.

졸업 후 중학교 행정실 기능9급(행정직)으로 취직을 했는데 첫 달 월급이 135만 원이었다. 현실을 직시했다. 부모님께 용돈을 받아 쓸 때에는 펑펑 쓰면서 아껴 쓰는 줄 알았다. 첫 월급을 받고 적금, 휴대 전화비, 교통비, 식비 등을 제하고 나니 쓸 수 있는 돈이 20만 원이 남았다. 그래도 내가 취직한 직장은 공무원 대우를 해주는 곳이라 다들 부러워했다. 다들 취직 잘했다고 칭찬했다. 처음에만 힘들지 3년 정도만 버티면 호봉이 올라 월급도 꽤 괜찮을 거라고 했다. 하지만 내 적성과는 맞지 않았다.

결국 2년 4개월 만에 영양사로 이직을 했다. 영양사가 훨씬 재미있는 일이라 생각했고 월급도 많았다. 영양사 초기의 월급이 2백만 원 남짓으로 많은 편이었다. 그런데 정해진 근무 시간보다 더 오랜 시간을 힘들게 일했다. 새벽 6시 30분에 출근해서 밤 10시에 퇴근하는 일도 많았으니 일하는 시간에 비해서 돈을 많이 버는 것도 아니었다. 점차 근무 시간이 조정되면서 일이 점점 편해지고 재밌어졌지만 월급이 줄었다. 회사 생활은 참 신기한 곳이었다. 해마다 높아지는 인건비를 줄이기 위해 근무 시간을 조정했다. 경력은 쌓이는데 연봉은 줄어드는 신기한 시스템이었다.

회사 생활을 하는 동안 불만이 많았다. 회사 일은 내 가슴이 뛰는 일, 좋아하는 일이 아니었다. 열심히 일해도 월급은 많지 않았다. 성과가 좋아도 알아주지 않았다. 그래도 그나마 정기적으로 나오는 월급이 다행이라며 위안을 삼았다. 하고 싶은 것이 있으면 참거나 몇 달을 돈을 모아서 했다. 예전처럼 부모님께 손을 벌릴 수가 없었다. 그래도 경제적으로 그렇게 힘들지는 않았다. 어쨌든 하고 싶은 건 하고 살았으니까.

결혼 후 아이를 낳고 나니 상황이 많이 달라졌다. 많이 벌지는 않았지만 맞벌이를 하다가 출산과 함께 벌이가 반으로 줄어드니 많이 힘들었다. 하고 싶은 것, 사고 싶은 것을 마음대로 살 수 없었다. 그동안 사고 싶은 것, 하고 싶은 것을 못하고 살지 않았기 때문에 더 힘들었다. 우리 엄마가 그랬던 것처럼 하나씩, 하나씩 나를 위한 사치는 포기해야 했다. 게다가 우리 아이용품까지 더 저렴한 것을 찾고 있었다. 아이에게 쓰는 돈까지 아끼고 있었다.

그때부터 제1의 큰 꿈이 생겼다. 행복한 부자 엄마가 되는 것이었다. 마음의 풍요와 경제적으로 자유를 얻은 행복한 부자 엄마가 되기로 작정했다. 먼저 온전한 나를 찾고 내가 좋아하는 일을 하기로 했다. 회사가 아닌 내 가슴이 뛰는 나의 일을 하면서 육아도 함께 할 수 있는 일을 찾기로 한 것이다. '나'와 '엄마'가 함께 균형을 이루는 삶을 살 수 있는 그러한 일 말이다. 그것이 취미 생활부터 시작된 것이다. 취미 생활을 통해 일을 하게 되었고 지금까지 성장할 수 있었다.

점차 성장하면서 내 마음은 풍요로워졌다. 나는 점점 무엇이든 '할 수 있다!', '하면 다 된다!' 라는 마인드를 갖게 되었다. 내가 나를 믿게 된 것이다. 내 목표가 빨리 이루어지지 않는다고 조급해하지 않는다.

뷰티크리에이터 이사배는 180만 뷰티 유튜버이다. 그녀는 전직 방송사의 특수 분장 담당 직원으로 일했다. 메이크업에 재능이 있던 그녀는 유튜브에 동영상을 올리기 시작했다. 그녀는 3년 만에 180만 명이 넘는 구독자를 모았다. 내가 처음에 보기 시작했을 때만 해도 이사배는 '메이크업을 참 잘하는 여자'였다. 그녀의 메이크업은 분장 수준이었다. 연예인들 사진을 보고 각 특성을 파악해서 자신의 얼굴과 접목시켜 완전히 비슷하게 만들어냈다. 유튜브를 보다가 '어? 이효리다!' 하고 터치하면 이사배의 메이크업 영상이 나왔다.

그녀의 영상은 다른 재미있고 유용한 정보가 많았다. 무엇보다 그녀는 전문가였다. 결국 짧은 시간에 엄청난 인기를 얻게 되었다. 지금은 유튜브, 라이브, 1인 방송, 방송, 가수, CF까지 진출해 어느 연예인 못지않다. 월 5천만 원까지도 수익을 낸다고 한다. 이렇게 많은 활동을 하면서도 이사배는 항상 웃는 얼굴을 잊지 않는다. 예쁜 모습을 유지한다. 많은 스케줄에 지칠 법도 하지만 그녀는 지치지 않는다. 유튜브 영상 하나 올리는 데만 하루 꼬박 걸린 적도 있다고 했다. 귀찮고 힘든 일인 데도 항상 즐거웠다.

그녀는 "저는 일을 시작하고 7년 동안 휴가를 한 번도 가 본 적이 없어요. 몸은 힘들지 몰라도 예전에 심적으로 힘들었을 때를 생각하면 힘들지 않아요. 메이크업을 하는 동안 온전한 내가 되는 것 같아 행복해요."라고 말한다.

온전히 내가 되는 것 같아 행복한 일! 그 일을 했기에 힘들어도 이겨내고 지금의 성공을 만든 것이다.

누구나 가슴이 뛰는 자신이 좋아하는 일을 해야 한다. 그래야지만 끈기 있게 해 나갈 수 있고 중간에 어려움이 생기더라도 거뜬히 이겨낼 수 있다. 내 일을 하느라 행복한데 어려움이 생겨도 생긴 줄을 모를 것이다. 자신이 잘하는 일, 좋아하는 일에 집중해야 나의 에너지를 제대로 활용할 수 있다. 그래야 일을 하더라도 활력이 넘치고 에너지를 받을 수 있는 것이다. 육아를 할 때에는 엄마는 활기 넘치는 에너지를 아이에게 전달해야 한다. 아이는 언제나 밝고 해맑다. 그 표정을 제대로 보고 싶으면 엄마가 먼저 행복해져야 한다.

자신이 좋아하는 일, 활력이 넘치고 에너지를 받으려면 먼저 하루 한 시간 이상 나만의 시간을 가져야 한다. 무엇이 되었든 취미 생활을 해야 한다. 취미 생활로부터 엄마가 아닌 온전한 나를 만나야 한다. 육아를 하는 하루가 너무나 바쁘고 힘들어도 온전한 나를 만나는 시간은 힘들지 않을 것이다. 오히려 스위치가 꺼져 있던 에너지에 불이 들어올 것이다.

사람의 몸도 의지로 조절이 가능하다. 열이 나거나 몸이 안 좋을 때에 '아프다, 너무 아프다.'라고 자꾸만 생각하면 안 아프던 곳도 더 아프게 느껴진다. 마찬가지로 '피곤하지 않다'라고 생각하면 피곤함을 느끼지 못한다. 아이를 재우다 아이보다 먼저 잠드는 일이 많았었지만, 취미를 가지는 순간 그렇지 않았다. 잠이 들더라도 벌떡 일어나서 나만의 시간을 가지고 행복해했다. 그 시간은 나에게 보석보다 귀중한 경험, 기술, 노하우가 되어 엄청난 성장을 가져다줬다.

부모라면 잘 살고 싶은 마음, 행복하게 살고 싶은 마음은 누구나 가지고 있다. 그 마음을 실현할 수 있을지 없을지는 자신의 선택에 달렸다. 행복한 부자 엄마가 되기 위해서는 이유와 목표가 확실해야 한다. 또한 절박한 마음을 가져야 한다. 무작정 '부자가 되고 싶다.'라고 생각하면 이루어지지 않는다. 마음의 풍요, 경제적인 자유를 누리는 부자 엄마가 되기 위해서는 온전한 나를 만나는 시간이 꼭 필요하다. 고된 하루에 지친 마음을 달래 주는 시간을 가져야 한다. 무엇이든 자신이 하고 싶은 것을 찾는 일부터 시작해야 한다. 그렇다면 당신은 이미 행복한 부자 엄마의 모습에 한 발 더 가까워져 있을 것이다.

07

엄마, 아내로 머무르지 말고 나답게 살아라

내 친구 S는 육아와 일을 함께하는 워킹맘이다. 학창 시절부터 여자 친구, 남자 친구 모두에게 항상 인기가 많았다. 얼굴도 예쁘고 키도 크고 날씬해서 모델 제의까지 받았던 친구다. 그런데 친구에게는 외모 말고도 더 매력적인 부분이 있었다. 언제나 자신감이 있고 당당했던 모습이다. 자세는 항상 꼿꼿하게 펴져 있었고 말할 때도 시원시원했다. 틀리더라도 자신감 있게 말했다. 이런 모습이 사람들을 끌어당겼던 것 같다. 항상 자신이 원하는 대로 살았고 밝은 모습이었다. 움츠러드는 법이 없었다. 자신이 생각하기에 부당하다고 생각되는 것은 하지 않았다.

친구는 자신이 좋아하는 일만 했다. 대학교를 다니다가도 편입을 해야겠다며 과감하게 그만두고 열심히 공부했다. 화장품 영업을 하고 싶다고 하더니 화장품 영업을 누구보다 재미있게 했다. 그 후에는 광고 회사에 입사했다. 광고 회사는 거의 매일 야근을 했다. 친구들은 "월급도 조금인데 뭐하러 그렇게까지 일해? 그만둬."라고 말해도 개의치 않았다. 자신이 좋아하고 즐겁게 하는 일이라 전혀 그만둘 생각이 없다고 했다.

지금은 더 좋은 회사에 더 좋은 조건으로 스카우트되었다. 게다가 광고 회사 입사 4년 만에 과장으로 승진해서 높은 연봉을 받으며 일하고 있다. 그리고 육아와 함께 자신이 좋아하는 일까지 하니 행복하다고 한다. 아이에게도 항상 당당하다. 육아에 더 힘써 주지 못했다며 미안해하지 않는다. 오히려 아이는 멋진 엄마를 더 자랑스러워한다.

'나답게 산다는 것'은 어떻게 사는 것일까? 자신의 생활 방식에 자신감을 갖는 것이다. 스타일, 음식, 놀이, 사람 모든 것을 자신이 선택해서 사는 것, 내 의지대로 사는 것, 정말 원했던 것을 하며 사는 것, 자유롭게 사는 것, 힘들다고 포기하지 않고 꼭 해보고 싶었던 것을 하며 만족감을 얻으며 사는 것이다. 나답게 사는 사람들에게는 자신만의 확고한 주관이 있다. 그 주관은 누가 뭐래도 흔들리지 않는다. 확신과 주관이 있기에 앞만 보고 달려간다. 최선을 다하며 설령 일이 잘 안 풀렸다해도 미련 없이 떨쳐버린다. 다시 시작하고 결국은 원하는 것을 이루어낸다. 우리는 그런 삶을 사는 사람들을 부러워한다. 멋진 인생을 산다고 한다.

그런데 많은 엄마들이 '좋은 엄마'라는 기준에 맞춰 살아가려고 한다. 누가 만들었는지도 모르고 누가 처음 말했는지도 모르는 애매한 기준이다. 그 기준에 다 맞춰 완벽한 엄마로 살아갈 수 있는 사람은 한 사람도 없을 것이다. 로봇라면 가능할지도 모르겠다. 100% 완벽한 엄마보다는 그럭 저럭 적당한 엄마가 자신에게도, 아이에게도 좋다. 뭐든지 과하지 않고 적당한 것이 좋다는 말이다. 누구에게나 장점과 단점이 있듯이, 좋은 엄마라고 생각한 사람에게도 단점이 있을 수 있다. 겉으로 보이는 모습만으로는 속을 알 수 없기에 비교하지 말고, 다른 사람이 정한 기준에 맞추려고 애쓸 필요도 없다. 그냥 나답게 당당하게, 원하는대로 살아가면 되는 것이다. 영화 〈악마는 프라다를 입는다〉의 보스 미란다가 자주 하는 말이 있다. "That's all." 그거면 됐다. 지금 당신이 이 책을 보고 있는 이유도 엄마로서 최선을 다하기 위함이 아닌가? 이미 당신은 좋은 엄마다. 그 정도면 됐다.

우리 엄마는 전업주부로 지내셨다. 나는 학교 끝나고 집에 돌아오면 엄마에게 그날 있던 일을 재잘재잘 말하느라 몇 시간을 보냈다. 아빠에게는 초등학교 6학년 때까지 안기고 매달렸었다. 다 큰 애가 너무 안긴다는 소리까지 듣기도 했었다. 그런데 중학교에 들어가면서부터 친구와 놀기를 좋아했다. 학원, 과외까지 하게 되면서 점점 부모님과 함께하는 시간이 줄어들었다. 엄마는 예전처럼 말하지 않는 모습에 아쉬워하셨다. 아빠는 다 큰 애가 매달리더니 이제는 그러지도 않는다며 아쉬워하셨다. 점점 자라 사회생활을 하게 되면서 집에 있는 시간은 거의 잠자는 시간뿐이었다.

중학교 즈음부터 엄마도 친구들을 만나거나 취미 생활을 하시면 좋겠다고 생각했었다. 언제나 반겨 주시는 엄마가 있다는 사실이 좋았지만 한편으론 재미있어 보이지는 않았다. 가끔 엄마가 집에서 혼자 계신 모습을 보면 많이 적적해 보였다. 부모님과 함께하는 시간을 많이 만들어야겠다고 생각하면서도 사실 쉽게 되지 않았다. 언젠가부터 엄마도 클라리넷, 기타 등 악기를 배우기 시작하셨다. 지금은 수채화 그림을 배우는 취미까지 가지게 되셨다.

그동안은 엄마, 아내로 사느라 자신만의 시간을 가지지 못했다. 그러다 평소 원했던 것을 하게 되니 정말 즐거워하신다. 게다가 수채화에 재능을 발견했다. 생전 처음 해보는 초보인데도 실력이 좋았다. 선생님께 매일 칭찬을 받아 자신감이 생겨 매일 자랑하신다. 나도 엄마의 그림을 보며 엄마의 새로운 면을 보게 되었다. 엄마이기 이전에 무엇이든 하고 싶고, 할 수 있는 가치 있는 사람이었다. 엄마가 되고 나서야 더 이해가 잘 되었다.

우리는 백세 시대에 살고 있다. 30살에 아이를 낳는다고 치자. 아이에게 30살까지 도움을 준다고 해도 최소 40년의 인생이 남아 있다. 육아를 하는 시간은 잠깐이다. 그 시간을 엄마, 아내가 아닌, 나에게도 사용한다면 더 행복한 삶을 살 수 있을 것이다. 남편에게만 의지하는 것이 아니라 남편도 나에게서 힘을 받아갈 수 있다. 아이들이 자신의 바람을 이루지 못했다고 실망하거나 화를 내는 일도 없을 것이다. 남편과 아이들도 엄마이기 이전에 여자의 모습을 보며 좋아할 것이다.

온전한 내가 되고 싶은 마음은 내 아이를 너무나도 사랑하기 때문에 생긴 감정이다. 아이를 사랑하기 때문에 엄마의 작은 욕구를 끊임없이 통제하다 지친 것이다. 아이를 덜 사랑해서 생기는 감정이 아니라는 것이다. 잘못된 감정은 더더욱 아니다. 자연스럽게 누구에게나 찾아오는 감정이니 아무렇지 않게 받아들이면 된다. 온전한 나를 만나기 위해 마음껏 노력해 보자.

영국의 유명한 가방브랜드 〈캐임브리지 사첼〉의 오너 줄리 딘은 평범한 주부였다. 아이의 학교 등록비를 벌기 위해 70만 원(600파운드)으로 주방에서 가방을 만들기 시작했다가 700억 원 가치의 브랜드를 세웠다. 그녀는 전문 디자이너가 아니었다. 견고한 가죽의 사첼백은 책을 많이 넣어도 처지지 않는다. 아이들의 가방이 몇 년만 사용해도 처지고 볼품없어진다는 사실에 사첼백을 생각하게 된 것이다. 당시 유행이 지난 디자인이라 주위 사람들은 안 팔릴 것이라고 했다. 하지만 그녀는 자신이 원했기에 밀고 나갔다. 곧 클래식한 디자인과 견고함이 입소문을 타서 유명해졌다.

처음 시작할 때에는 아무것도 몰라서 전문가의 힘을 빌리지만 그녀는 모든 것을 직접 했다. 직접 해봐야지만 다른 사람의 말에 휘둘리지 않는다는 것이다. 모른다고 전문가에게 의지하면 비용도 많이 들 뿐 아니라 내가 생각한 나만의 브랜드는 나오지 않는다고 했다. 사업이 확장되면서 투자 요청이 들어왔다. 전문 경영인의 투자를 받았지만 매출은 반 토막이 났다. 위기를 맞은 그녀는 다시 모든 경영을 자신이 맡았고 매출을 다시 회복했다.

그녀는 "그때 경험으로 또 한 번 나만큼 브랜드의 나아갈 방향을 정확히 알고 있는 사람은 없다는 것을 깨달았다."라고 말했다. 캐임브리지 사첼은 영국의 국민 브랜드가 되었다. 그녀는 왕실의 대영제국 훈장까지 받았다.

아이가 너무 어려서 외출이 힘든 엄마들이 있다. 나는 집안 어디라도 좋으니 나만의 공간에서 시간을 보내라고 권한다. 그런데 가끔 엄마들은 집이 좁아서, 가구로 꽉 차있어서 등의 이유들로 나만의 공간이 없다고 한다. 줄리 딘도 가방을 만들만큼 넉넉한 공간이나 돈도 없었다. 하지만 자신의 의지로 주방이라는 공간을 활용했다. 나만의 공간은 넓지 않아도 된다. 단, 한 평이라도 자신의 마음이 편해지고 생각을 정리할 만한 곳이면 충분하다. 주방도 좋고 베란다도 좋다. 안방의 한 구석이라도 좋다. 아기자기한 소품들로 꾸며져 있는 예쁜 공간이 아닐지라도 오직 나만 있는 공간에서 나를 만나보자. 분명 달라짐을 느낄 것이다.

명품 브랜드 〈샤넬〉의 대표 코코샤넬은 "아름다움이란, 당신이 자신을 받아들이기로 결심할 때부터 시작된다."라고 했다. 각자 추구하는 엄마의 모습은 다를 수 있다. 육아에 전념하는 것이 행복하다면 전업주부로, 일과 육아를 다 같이 하고 싶다면 워킹맘으로 지내면 된다. 어떤 모습이든 나만의 시간을 가져서 자신의 마음의 소리를 듣고 받아들여야 한다. 그리고 당신이 원하는 모습, 삶을 그려나간다면 진정으로 아름다운 엄마가 될 수 있다. 선택을 후회 하지 않도록 보내야 한다. 삶의 질은 더욱 높아질 것이다.

전업주부, 워킹맘 모두 엄마, 아내, 나라는 세 가지의 삶이 함께 존재한다. 우선 순위라는 것도 존재한다. 개인의 가치관은 다 다르기 때문에 우선순위는 다를 수 있다. 자신의 기준에 맞게 항상 무엇이 더 중요한지를 생각하고 우선순위를 정해서 균형 잡힌 삶을 이루기를 바란다. 어느 한쪽으로 치우치지 않고 빠지지 않아야 온전한 삶을 살아갈 수 있다는 사실을 기억하자.

에필로그

행복한 부부 사이를 위한 팁

부부 사이는 굉장히 중요한 것이에요. 누구보다 서로를 의지하며 살아가야 하는 '평생의 동반자'이기 때문이에요. 육아를 하게 되면 예전보다 서로를 위한 시간이 줄어드는 것은 당연하지만 소홀해져서는 안 되지요. 그래서 평소에 부부만을 위한 시간을 꼭 가져야 해요. 다음은 행복한 부부 사이를 위한 팁들입니다. 하나씩 실천하다 보면 어느새 알콩달콩 더 좋아진 부부 사이를 발견하게 될 거예요. 오늘부터 실천해 보세요.

1. 퇴근하고 들어오면 서로에게 웃는 얼굴을 보여 준다.
2. 하루에 5분이라도 함께 앉아 그날 있던 일을 이야기한다.
3. 싸우더라도 꼭 한 침대에서 잔다.
4. 서로에게 "오늘도 고생했어." 라고 말해 준다.
5. 쿠션 언어를 사용해 부드럽게 이야기한다.
   "번거롭겠지만 쓰레기 좀 버려 줄래?"
6. 집안일, 육아에서 서로 할 수 있는 부분을 상의하여 분담한다.

7. 부탁을 할 때에는 정확하게 얘기한다.

8. 각자의 시간을 정해 놓고 간섭하지 않는다.

9. 가끔은 남편도 편히 쉴 수 있도록 아이와 외출한다.

10. 힘든 점을 이야기할 때에는 비판하지 않고 공감해 준다. 서로의
    편이 되어 준다.

11. 한 달에 한 번이라도 부부 둘만의 데이트 시간을 가진다.

12. 사소한 일에도 "고마워" 라는 말을 꼭 한다.
    "쓰레기 버려 줘서 고마워"

13. 가끔은 서로를 위한 작은 선물을 한다.

오늘도 육아를 하면서 힘드셨나요? 어떨 때 가장 힘들고 화가 나셨나요? 즐거웠던 순간은 언제인가요? 하루를 돌아보며 일기를 써 보세요. 하루 중 나를 위한 시간은 얼마나 가졌는지, 즐거웠던 순간, 힘들었던 순간, 화가 났던 순간들을 적어 보는 거예요. 그리고 스스로를 토닥여 주세요. 내 안에 눌려 있던 감정, 욕구들을 발견하고 치유하도록 도와줄 거예요.

즐거웠던 순간	
화가 났던 순간	
힘들었던 순간	
나를 위한 순간 (식사 시간, 메뉴, 수면, 운동 등)	
스스로를 칭찬하기	
감사했던 순간	

누구에게나 갖고 싶고, 이루고 싶고, 가고 싶은 것들이 있어요. 그게 무엇이든 제약이 없다고 생각하고 원하는 모든 것을 버킷리스트로 작성해 보세요. 가장 하고 싶은 것부터 적어보세요. 20개를 적고 잘 보이는 곳에 붙여두세요. 수시로 버킷리스트를 보면서 가장 빨리 이룰 수 있는 것부터 실천해 보세요. 어느새 다 이루고 새로운 버킷리스트를 작성하고 있을지 모릅니다.

　예) 1. 2023년 부모님을 모시고 온 가족이 함께 유럽 크루즈 여행을 떠난다.
　　　2. 아가씨 때 입던 원피스를 입고 전시회 가기.